삶을 기록한다 ────────

인생노트
Happy Ending Note

도서출판 은빛

노항래

국회 정책연구위원, 고용노동부장관 정책보좌관으로,
근년에는 공기업 한국도로공사서비스(주) 초대 사장으로 일했다.
2013년 은빛기획을 설립한 후 자서전 사업,
노인복지관·평생학습기관에서 내 삶 생애사 쓰기,
청소년들과 함께하는 내 가족의 삶 쓰기 글쓰기 교실 등의
프로그램을 진행하며, 품위 있는 노년문화 상품개발에 힘썼다.
〈잠들지 않는 남도〉, 〈내가 지킨 대한민국 그 품에 안겨〉,
〈이옥순 평전〉, 이석영 선생 약전 〈그 뜻 누가 알리오〉,
〈단원고 4.16 약전〉(공저) 등의 기록물을 집필했고
이 〈인생노트〉를 기획하고 발행을 이끌었다.

이 〈인생노트〉는 2016년 여름 '다음(Daum) 스토리
펀딩 – 엔딩노트' 프로그램을 통해 응원의 뜻을 모아
처음 출판했고, 세 번 개정판을 출간해왔습니다.
이 스토리 펀딩에 가장 큰 격려의 뜻을 모아준
유시민 작가의 글을 책 후미에 담았습니다.

이 노트를 적기 전
더 늦기 전에
말하세요

"고맙습니다. 당신 덕분에 살았습니다."
"사랑합니다."

기 록 인 : _____ (기록 대리인: _____)

기록개시일 : _____ . _____ . _____ .

목 차

〈인생노트〉 활용법   6

제1장 나의 오늘

1-1 나1   11
1-2 함께 사는 사람   11
1-3 혈액형   12
1-4 건강검진 기록   12
1-5 복용 약품 내역   12
1-6 건강관리 체크리스트   13
1-7 체중 자가 진단   13
1-8 가족 일람   14
1-9 친족·친구 일람   16
1-10 사회복지 담당자, 보호자   17
1-11 내가 돌보는 것들   17
1-12 내 이웃, 모임   18
1-13 주요 기념일   19
1-14 유동 자산 일람   20
1-15 부동산 일람   22
1-16 소득 상황 자가 진단   22
1-17 대출금, 부채 현황   23
1-18 금융보증 현황   23
알아두는 상식 하나 '고령사회' 진행 추이   24
알아두는 상식 둘 100세 시대 호모 헌드레드(Homo Hundred)   25
알아두는 상식 셋 출생연도별 출생자 수와 생존자 수   26

제2장 살아온 길, 내 삶의 기록

2-1 나2   31
2-2 내가 좋아하는 것들 기록하기   33
2-3 내가 살아온 행로·코로나19 체험기   34

2-4   내 삶에서 가장 기뻤던 순간   38

함께 읽는 글1   추억   39

2-5   내 삶의 사진   40

2-6   나의 연표   44

2-7   내 삶 쓰기   53

함께 읽는 글2   내 삶 쓰기 사례 글   56

알아두는 상식 넷   치매와 전쟁   60

알아두는 상식 다섯   치매예방수칙 3·3·3   62

알아두는 상식 여섯   고령자 의료 지원 신청   63

제3장 준비된 미래

3-1   내 삶의 버킷리스트   67

3-2   사전연명의료의향서   70

3-3   상조서비스 관련 준비 확인   72

3-4   장례를 위해 준비해야 할 것들   72

3-5   사전장례의향서   73

3-6   내가 버리고 정리해야 할 것들 목록   74

3-7   제례에 대한 당부   74

3-8   비문 쓰기   75

3-9   유언록 및 상속의사확인서   76

함께 읽는 글3   어느 당부의 글   77

제4장 삶을 기록하는 당신을 응원하는 글

응원하는 글1   인생노트 : 지구를 떠나는 현명한 방법_ **유시민**(작가, 전 보건복지부 장관)   85

응원하는 글2   인생노트 : 지구에서 현명하게 살아가는 방법_ **박노숙**(목동어르신복지관 관장, 한국노인종합복지관협회 회장)   91

응원하는 글3   은빛기획 스토리_내 삶 쓰기 교실, 조문보, 생애보, 인생노트 그리고 나의 인생극장   97
_ **노항래**[(협)은빛기획 대표, 〈인생노트〉 기획·편집자]

생애보 소개   103

〈인생노트〉 활용법

- 나의 삶의 이야기를 기록물로 남기는 노트입니다.
- 살아온 인생을 돌아보며 기록으로 남겨 주세요.
- 그리고 다음 그림과 같이 관리해 보세요.

이렇게 관리하세요.

집에 들어서면

응접 식탁 위, 거실 수납장, TV 위 등 잘 보이는 곳에 보관하세요.

1 나의 오늘

자기 점검

우리가 세운 목적이 그른 것이라면 언제든지 실패할 것이요
우리가 세운 목적이 옳은 것이면 언제든지 성공할 것이다. - 안창호

1-1 나 1

이름			생년월일	
본적·등록기준지				
주소				
전화번호	휴대전화		집	직장
내 증명	주민등록번호			
	기타 증명 (운전면허· 건강보험· 자격증 등)			

1-2 함께 사는 사람

이름	생년월일	관계	연락처

> 인간에게는 의식적인 노력으로 자신의 삶을 높일 능력이 있다는 확실한 사실보다 더 용기를 주는 건 없다.
> — 헨리 데이비드 소로우(Henry David Thoreau)

1. 나의 오늘
2. 살아온 길, 내 삶의 기록
3. 준비된 미래
4. 삶을 기록하는 당신을 응원하는 글

1-3 혈액형

내 혈액형	

1-4 건강검진 기록

최근 방문 병원	방문 일시	검진 내역	검진 결과

1-5 복용 약품 내역

증상	복용 의약품	복용 기한 (대략 언제부터)

1-6 건강관리 체크리스트

증상		조치 내역	주의사항
현재 혈압 (/)	혈압		
	당뇨		
	뇌·심장질환		
기타 관리가 필요한 증상			

수술력

일시	증상	병원	주의사항

1-7 체중 자가 진단

2년 전 (추정)	1년 전 (추정)	현재
kg	kg	kg

* 1년에 5kg 이상 몸무게 변동이 확인될 경우 의료진에게 알리고 상담을 받으세요.

> 가지고 있는 어떤 재주든 사용하라. 노래를 가장 잘하는 새들만 지저귀면 숲은 너무도 적막할 것이다.
>
> – 헨리 반 다이크(Henry Van Dyke)

1-8 가족 일람 그리운 인연, 가족을 기록해 봅시다.

아버지

이름	생년월일	출생지	하신 일	기억해 두어야 할 날짜(기일 등)

어머니

이름	생년월일	출생지	하신 일	기억해 두어야 할 날짜(기일 등)

배우자

이름	생년월일	출생지	하신 일	기억해 두어야 할 날짜(기일 등)

그 외 (시부모, 장인·장모, 새어머니, 새아버지, 그 외 꼭 적어 두어야 할 실제의 가족)

이름	생년월일	출생지	하신 일	기억해 두어야 할 날짜(기일 등)

자녀

이름	생년월일	출생지	하신 일	기억해 두어야 할 날짜(기일 등)

형제·자매

이름	생년월일	출생지	하신 일	기억해 두어야 할 날짜(기일 등)

> "얼마나 많이 주느냐보다 얼마나 많은 사랑을 담느냐가 중요하다." – 마더 데레사(Mother Teresa)

1. 나의 오늘
2. 살아온 길, 내 삶의 기록
3. 준비된 미래
4. 삶을 기록하는 당신을 응원하는 글

1-9 친족·친구 일람

구분	이름	관계	연락처	비고
친족				
종교기관 경로당 복지관 동료				
친구				
그 외				

1-10 사회복지 담당자, 보호자

이름	소속	직책	연락처

1-11 내가 돌보는 것들

구분	이름·품목	주의사항
후원자		
반려동물		
화초		
그 외 돌보는 것들		

> 어제는 어젯밤에 끝났다. 오늘은 새로운 시작이다.
> 과거를 잊는 기술을 배워라. 오직 앞으로 나아가라.
> — 노먼 V. 필 (Norman V. Peal)

1-12 내 이웃, 모임

구분		기관명	연락처	출석일·모임 횟수	담당자(책임자)
출석기관 (종교기관·경로당·복지관)					
SNS	페이스북	ID :			
	인스타그램	ID :			
	카카오그룹 (주요 이용 기준)				
	밴드				
	블로그				
	홈페이지				
	기타				

구분	모임 구분	연락처	출석일·모임 횟수	담당자(책임자)
그 외 커뮤니티				

1-13 주요 기념일

기념일(자녀·손자의 생일, 결혼기념일, 기타)

구분	내용	날짜

기타 기억해야 할 날짜(회사 창립일, 제사일 등)

구분	내용	날짜

> 세상은 고통으로 가득하지만, 그것을 극복하는 사람들로 가득하기도 하다.
> - 헬렌 켈러(Helen Keller)

1-14 유동 자산 일람

구분	종류	은행	통장 번호	금액	확인일
예금					
적금					
기타 저축					

보험

종류(생명, 암…)	기관 업체	보장액	불입액	확인일

주식

의뢰 기관	보유 회사	액면가	시가	확인일

소장 귀중품

종류	구매가	보유 장소	평가액	확인일

빌려준 돈

채무자	금액	상환 약속일

> "내 비장의 무기는 아직 손안에 있다. 그것은 희망이다!" - 나폴레옹(Bonaparte Napoleon)

1-15 부동산 일람

부동산

종류	주소지	규모	평가액	확인일

그 외 재산(자동차 등)

종류	소재지	평가액	확인일

1-16 소득 상황 자가 진단

구분	종류 / 지급처, 지급인	금액(월정 기준)	비고(전망 등)
소득			
연금			
후원 및 기타			

1-17 대출금, 부채 현황

금융기관 대출

기관	대출 명목	금액	상환 예정일

개인 대출

채권자	대출 사유	금액	상환 약속일

1-18 금융보증 현황

보증 대상인	기관(채권자)	금액	상환 예정일

인생이란 결코 공평하지 않다. 이 사실에 익숙해져라.   - 빌 게이츠(Bill Gates)

알아두는 상식
하나

'고령사회' 진행 추이

고령사회(Aged Society, 高齡社會).
65세 이상 인구가 총인구에서 차지하는 비율이 7% 이상을 고령화사회(Aging Society), 65세 이상 인구가 총인구에서 차지하는 비율이 14% 이상을 고령사회(Aged Society), 65세 이상 인구가 총인구에서 차지하는 비율이 20% 이상을 후기고령사회(post-aged society) 혹은 초고령사회라고 한다.

고령이란 용어에 대한 정의는 일정한 것은 아니다. 한국의 고령자 고용촉진법시행령에서는 55세 이상을 고령자, 50~54세를 준고령자(2조)로 규정하고 있고, 연금 등 여러 복지제도는 65세를 고령 기준 연령으로 운용하고 있다.

인구의 고령화 요인은 출생률의 저하와 사망률의 저하에 있다. 평균수명이 긴 나라가 선진국이고 평화롭고 안정된 사회를 상징하는 의미에서 장수(長壽)는 인간의 소망이기도 하지만, 반면 고령에 따르는 질병·빈곤·고독·무직업 등에 대응하는 사회경제적 대책이 고령화사회의 당면 과제이다.

[이상 두산백과 인용]

우리나라는 2018년 고령사회에 진입하였고, 늦어도 2026년에는 노인 인구 비율이 전체 인구 대비 20%를 넘어 일본, 프랑스에 이어 세계에서 세 번째 '초고령사회'가 될 것으로 예상되고 있다. 고령화 속도는 우리나라가 세계에서 가장 빠르다. 이처럼 급속한 고령화는 노인빈곤의 심화와 함께 고독사, 노인자살 등 여러 노인문제를 동반하고 있다.

100세 시대 호모 헌드레드(Homo Hundred)

호모 헌드레드(Homo Hundred)는 인류 조상을 호모 사피엔스(Homo Sapiens)로 부르는 것에 비유해 유엔이 2009년 '세계인구고령화' 보고서에서 100세 수명이 보편화되는 시대를 지칭해 만든 신조어입니다.

사람이 100세를 사는 것을 상수(上壽)라고 합니다. 최고의 수명이라고 여겨지기 때문입니다. 우리나라의 평균수명은 이미 80세를 넘어섰고 모든 사람들이 90세, 100세 이상 사는 세상이 오고 있습니다.

그런데 옛날 사람들은 얼마나 살았을까요? 고려시대 묘지명 320개를 분석한 결과, 고려시대 귀족들의 평균수명은 39.7세, 왕들의 평균수명은 42.3세였다고 합니다.
조선왕조 500여 년 동안 모두 27명의 왕이 있었는데, 이 중 태조(74세), 2대 정종(63세), 15대 광해(67세), 21대 영조(83세), 26대 고종(68세) 등 5명이 장수한 임금이었고, 전체 왕들의 평균수명은 46.1세였다고 합니다.
한편, 조선시대 평민들은 평균 24년을 살았다고 합니다. 홍역이나 천연두 등으로 유아 사망률이 매우 높았기 때문입니다.

우리는 인류의 오랜 숙원인 100세 시대를 앞두고 있으면서도 이를 마냥 행복해하지 못하고 있는 것이 현실입니다. 평균수명 증가로 길어진 노후생활을 뒷받침할 수 있는 준비가 되어 있지 못하기 때문입니다. 최근 평균수명 못지않게 건강수명과 경제수명이 강조되고 있는 것도 이 때문입니다.

세계적으로 100세 이상 생존자가 많은 마을인 '블루존'-일본 오키나와, 이탈리아 샤르데냐 산악지대, 캘리포니아 교외 로마 린다(Loma Linda), 그리스의 아카리아 섬, 코스타리카 니코야 반도, 싱가포르-주민의 생활패턴을 살핀 2023년 넷플릭스 다큐멘터리를 보면 '자연식 위주의 식습관'과 '저강도 운동', 친목모임 등 '일상 속 소통' 그리고 봉사활동 등 '세상을 향한 힘 보태기'의 네 가지가 장수마을의 특징, 공통점이었답니다.

'가볍게 먹고, 운동하고, 친구와 잘 지내고, 남을 위해 일하자!' 새겨둘 충고입니다.

- 오영환_(사)시니어금융교육협의회 사무총장

알아두는 상식 셋

출생연도별 출생자 수와 생존자 수

출생연도	출생자 수	생존자 수	남자	여자
2022년	249,031	236,437	121,236	115,201
2021년	260,562	259,905	132,948	126,957
2020년	272,337	272,940	139,684	133,256
2019년	303,054	294,034	150,932	143,102
2018년	326,822	322,176	165,318	156,858
2017년	357,771	350,714	180,259	170,455
2016년	406,243	390,450	200,293	190,157
2015년	438,420	434,627	222,199	212,428
2014년	435,435	445,060	228,063	216,997
2013년	436,455	438,942	224,705	214,237
2012년	484,550	473,736	242,733	231,003
2011년	471,265	476,787	244,862	231,925
2010년	470,171	486,824	250,023	236,801
2009년	444,849	450,310	231,998	218,312
2008년	465,892	459,224	236,337	222,887
2007년	496,822	494,294	254,440	239,854
2006년	451,759	461,901	238,019	223,882
2005년	438,707	439,846	227,362	212,484
2004년	476,958	452,134	233,474	218,660
2003년	495,096	484,125	250,861	233,264
2002년	496,911	486,440	252,628	233,812
2001년	559,934	525,308	273,102	252,206
2000년	640,089	609,341	316,761	292,580
1999년	620,668	629,291	328,004	301,287
1998년	641,594	625,189	326,071	299,118
1997년	675,394	658,437	341,143	317,294
1996년	691,226	674,556	351,014	323,542
1995년	715,020	701,231	368,802	332,429
1994년	721,185	700,125	372,109	328,016
1993년	715,826	708,723	375,727	332,996
1992년	730,678	723,685	382,559	341,126
1991년	709,275	712,756	373,731	339,025
1990년	649,738	652,949	341,145	311,804
1989년	639,431	641,089	337,049	304,040
1988년	633,092	627,655	327,453	300,202
1987년	623,831	612,393	315,825	296,568
1986년	636,019	620,737	318,651	302,086
1985년	655,489	645,093	332,525	312,568
1984년	674,793	642,825	329,842	312,983
1983년	769,155	709,552	362,631	346,921
1982년	848,312	783,345	399,004	384,341
1981년	867,409	835,666	425,421	410,245
1980년	862,835	836,253	426,941	409,312
1979년	862,669	837,601	425,776	411,825
1978년	750,728	753,024	381,821	371,203
1977년	825,339	757,875	383,856	374,019
1976년	796,331	738,244	377,591	360,653
1975년	874,030	772,927	390,860	382,067
1974년	922,823	814,178	413,461	400,717
1973년	965,521	878,234	443,876	434,358

* 이 표는 2023.10월 기준 통계청 발표를 재구성한 것입니다.
* 저연령층에서 생존자 수가 출생자 수보다 많은 것은 이민입국 등의 결과입니다.

출생연도	출생자 수	생존자 수	남자	여자
1972년	952,780	891,577	451,197	440,380
1971년	1,024,773	898,433	458,338	440,095
1970년	1,006,645	930,330	472,425	457,905
1969년	1,044,943	892,409	451,480	440,929
1968년	1,043,321	938,278	471,071	467,207
1967년	1,005,295	843,249	420,328	422,921
1966년	1,030,245	820,237	414,795	405,442
1965년	996,052	829,173	420,328	408,845
1964년	1,001,833	831,208	416,898	414,310
1963년	1,033,220	747,553	376,842	370,711
1962년	1,036,659	872,120	442,289	429,831
1961년	1,046,086	823,774	412,024	411,750
1960년	1,080,535	938,823	462,319	476,504
1959년	1,016,173	855,606	418,696	436,910
1958년	993,628	781,667	384,835	396,832
1957년	963,952	740,452	366,065	374,387
1956년	945,990	689,468	336,846	352,622
1955년	908,134	652,782	315,909	336,873
1954년	839,293	669,515	322,015	347,500
1953년	777,186	513,362	245,106	268,256
1952년	722,018	513,183	243,504	269,679
1951년	675,666	486,796	230,634	256,162
1950년	633,976	396,653	185,294	211,359
1949년	696,508	431,425	200,995	230,430
1948년	692,948	409,484	189,062	220,422
1947년	686,334	406,884	186,259	220,625
1946년	590,763	388,331	174,947	213,384
1945년	544,786	263,751	117,916	145,835
1944년	533,215	299,464	129,241	170,223
1943년	513,846	287,056	118,992	168,064
1942년	533,768	329,403	136,131	193,272
1941년	553,690	310,714	124,457	186,257
1940년	527,964	244,650	94,625	150,025
1939년	585,482	229,691	85,432	144,259
1938년	569,299	211,594	76,191	135,403
1937년	636,839	179,554	62,367	117,187
1936년	639,355	161,665	53,341	108,324
1935년	646,158	140,794	43,890	96,904
1934년	618,135	118,523	35,127	83,396
1933년	607,021	92,590	25,755	66,835
1932년	600,545	74,398	19,481	54,917
1931년	589,428	59,484	14,495	44,989
1930년	587,144	43,330	9,608	33,722
1929년	566,969	34,867	7,239	27,628
1928년	566,142	27,467	5,787	21,680
1927년	534,524	19,513	3,687	15,826
1926년	511,667	13,279	2,370	10,909
1925년	558,897	8,305	1,355	6,950
1924년 이전		9,711	1757	7,954

삶의 기록

2
살아온 길
내 삶의 기록

내 삶의 추억
내가 살아온 길 기록하기
자전기(自傳記) 쓰기

성공은 최종적인 것이 아니며, 실패는 치명적이지 않다.
중요한 것은 계속하는 용기이다.   — 노먼 V. 필(Norman V. Peal)

2-1 나 2

출생

일시	년 월 일 (양력☐ 음력☐)
출생지	
부/모	/
본관(本貫)	

부모님의 직업, 가정 상태 등 기타 특이사항

혼인 관계

배우자·동거인	나이 ( )세	출생지 ( )
이별	배우자가 선망일 경우 운명 일시 (	년 월 일)
함께한 때	년 월 일	
본관(本貫)		

특이사항

> 죽은 자를 위해 울지 말라. 그는 휴식을 취하고 있기 때문이다. 잘 보낸 하루가 행복한 잠을 가져오듯이 잘 산 인생은 행복한 죽음을 가져온다.   - 레오나르도 다 빈치(Leonardo da Vinci)

학업 관계

학교명(기타)	입학년도	졸업년도
초등학교	년	년
중학교	년	년
고등학교	년	년
대학교	전공학과 :	(입학 년 / 졸업 년)
기타		

사회생활 및 이력

해온 일		
재직 회사		
재직 기간		

업적 또는 특이사항

종교·사회 단체

교회 / 사찰 / 기관		
소속 기간		

> 오늘의 문제는 싸우는 것이요, 내일의 문제는 이기는 것이다.
> 모든 날의 문제는 죽는 것이다.
> — 빅토르 위고(Victor-Marie Hugo)

2-2 내가 좋아하는 것들 기록하기

노래 하나(애창곡, 내 마음 속의 노래)

___

좋아하는 시, 소설, 기타 문학작품

___

가장 기억나는 영화

___

가장 기억나는 드라마

___

좋아하는 연예인(가수, 배우, 탤런트, 기타)

___

존경하는 사람

___

취미

젊었을 때	지금

2-3 내가 살아온 행로 · 코로나19 체험기

살았던 곳

태어난 곳	
자란 곳	
청년기	
장년기	
노년기	

내 인생의 사건(또는 코로나19 체험기)

언제	
어디에서	
누구와 같이 겪었나요	
무슨 일이 있었나요	
내게 남은 교훈	

내가 살았던 지역을 표기해 보세요.

직장, 여행 등 내가 가본 곳을 표기해 보세요.

유럽

아시아

중동

아프리카

오세아니아

"우주 속 먼지 한 점, 지구별은 무한히 넓은 곳입니다."

북아메리카

남아메리카

1. 나의 오늘

2. 살아온 길, 내 삶의 기록

3. 준비된 미래

4. 삶을 기록하는 당신을 응원하는 글

2-4 내 삶에서 가장 기뻤던 순간
옆의 39쪽을 먼저 읽고 '나의 이야기'를 적어 보세요.

 함께 읽는 글 ❶

추억

시바다 도요

아이가 생긴 걸 알렸을 때
당신은
"정말? 잘 됐다. 나 이제부터 더 열심히 일할게"
기뻐하며 말해 주었죠

어깨를 나란히 하고
벚꽃나무 가로수 아래를 지나
집으로 돌아왔던 그날
내가
가장 행복했던 날

시바다 도요 (1911~2013)
일본의 여류시인. 92세 때부터 복지관 문예반에서 시를 쓰기 시작, 99세에 첫 시집 〈약해지지 마〉를 출간했다. 위 시 '추억'이 실린 시집이다. 2년 후 시집 〈100세〉를 이어서 출간했다. 모두 국내에 번역, 출간되었다.

2-5 내 삶의 사진 사진을 고르고, 그 사진에 대해 설명해 보세요.

①

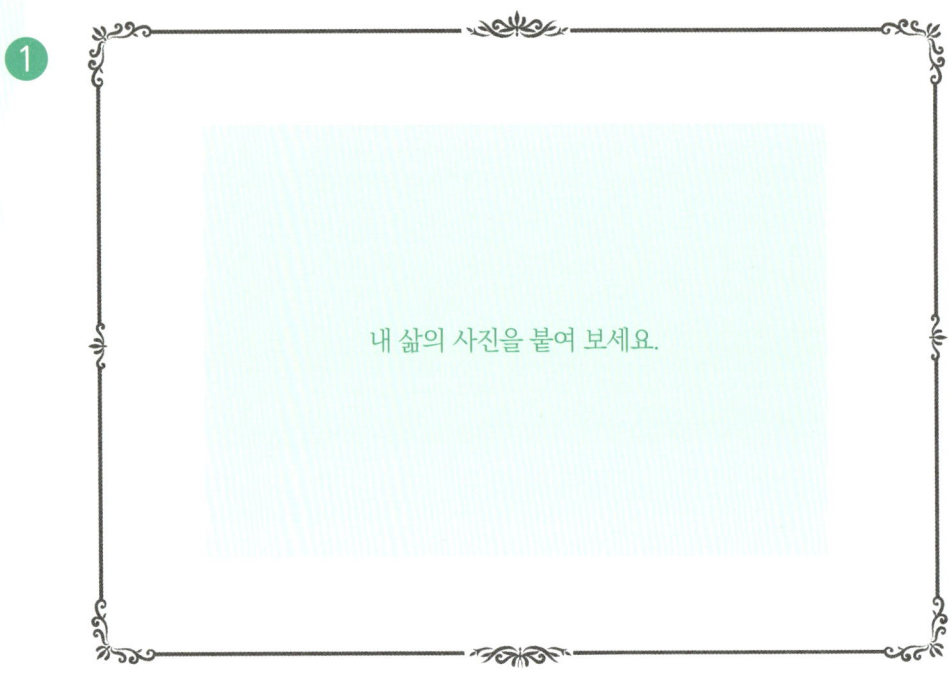

내 삶의 사진을 붙여 보세요.

사진 설명

①
_____
_____
_____

②
_____
_____
_____

③
_____
_____
_____

❷ 내 삶의 사진을 붙여 보세요.

❸ 내 삶의 사진을 붙여 보세요.

> 강물의 흐름에 따라 부드럽게 즐겁게 배를 저어라. 이것이 곧 삶이다. — 공자(孔子)

사진을 고르고, 그 사진에 대해 설명해 보세요.

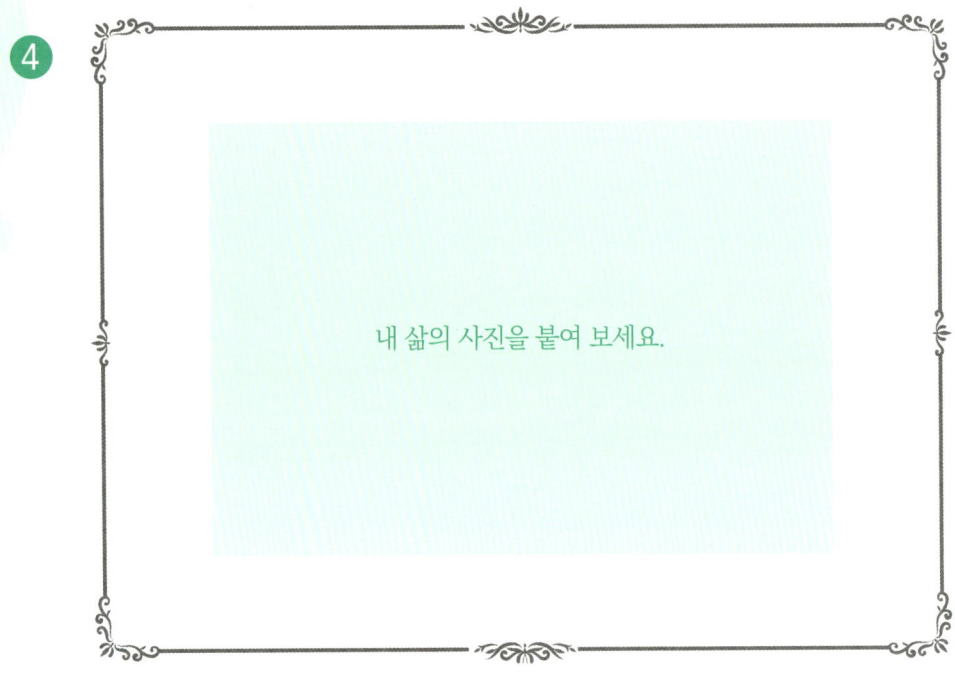

내 삶의 사진을 붙여 보세요.

사진 설명

④

⑤

⑥

❺

내 삶의 사진을 붙여 보세요.

❻

내 삶의 사진을 붙여 보세요.

> 우리는 모두 벌거숭이로 이 세상에 왔으니 벌거숭이로 이 세상을 떠나리라. — 이솝(Aesop)

2-6 나의 연표

	우리나라 안팎의 주요 사건	그해 나의 연표
1919	• 3.1 만세운동 • 4.11 대한민국 임시정부 수립	
1920	• 봉오동전투 승리, 청산리대첩, 간도참변	
1921	• 조선어연구회, 조선교육회 창설	
1922	• 조선물산장려회 발족 • 안창남 첫 비행 성공	
1923	• 관동 조선인 대학살 사건	
1924	• 경성제국대학 설립	
1925	• 한용운 〈님의 침묵〉 발행	
1926	• 도량형 공포(미터법 적용) • 6.10 만세운동	
1927	• 민족운동 단일단체 신간회 창립 • 경성방송국 방송 개시	
1928	• 4.1 서울 첫 시내버스 운행 시작	
1929	• 세계대공황 발생 • 원산총파업 / 광주학생운동	
1930	• 김구 등 한국독립당 창당	
1931	• 만주사변 발발 • 조선어학회, 한글 맞춤법 통일안 발표	
1932	• 윤봉길 상해 의거	
1933	• 독일 히틀러 집권 / 미국 뉴딜정책 • 중국공산당 대장정 시작	
1934	• 조선농지령 공포	
1935	• 일제 각급 학교에서 신사참배 강요 • 한국 최초 발성영화 〈춘향전〉 단성사에서 개봉	

| 우리나라 안팎의 주요 사건 | 그해 나의 연표 |

1936
- 조선사상범보호관찰령 시행

1937
- **중일전쟁 발발**
- 항일유격대 보천보 전투, 조선의용대 결성

1938
- 삼성의 전신 삼성상회 설립
- 일제 국가총동원령, 특별지원병제, 근로보국대 개시

1939
- 제2차 세계대전 발발
- 국민징용령, 쌀 강제 징발 개시

1940
- 창씨개명 실시, 황국신민화 정책 본격화
- 임시정부 중경 이주, 한국광복군 창설

1941
- **태평양전쟁 발발**
- 전시 동원체제 본격화

1942
- 일제 식량관리법 공포
- 조선어학회 사건

1943
- 학도병제 및 징병제 실시, 보국정신대 조직
- 카이로선언

1944
- 일제 전면적 징용 시행, 여자정신대근무령 공포(만 14~40세 미혼 여성 징용)
- 여운형 건국동맹 결성
- 얄타회담

1945
- **포츠담선언**
- **8.15 해방 / 미소 남북 분할 점령**

1946
- 5.23 38선 무허가 월경 금지
- 전국 콜레라 만연

1947
- 7.19 여운형 피살
- 11.14 유엔, 한국 총선안 가결

1948
- 전국 초등학교 의무교육 실시
- 4.3 제주학살 사건
- **대한민국 정부 수립(8.15)**
- 북한, 조선민주주의인민공화국 수립(9.9)
- 여순반란사건 및 국가보안법 공포(12.1)

	우리나라 안팎의 주요 사건	그해 나의 연표
1949	• 친일경찰 이력자들, 반민특위 습격 • 6.29 김구 피살 • 중화인민공화국 수립	
1950	• 농지개혁 단행 • **6·25 한국전쟁 발발** • 국민방위군 설치령 의결 및 모집	
1951	• 거창양민학살사건 발생 • 휴전협정 예비회담 시작	
1952	• 휴전회담 계속 • 이승만 대통령 연임, 동해에 평화선 선포	

1953	• 부산국제시장 대화재
	• 긴급통화조치 발표,
	  통화개혁 100원 → 1환
	• 포로교환협정 조인 및 반공포로 석방
	  (6.18 ~ 9.6 포로 교환)
	• 7.27 휴전협정	

1954	• 부산 용두산 화재,
	  국보급 유물 3,400여 점 소실
	• 사사오입 개헌
	• 최우성 삼형제 한국자동차산업 시작,
	  미군 지프 개조한 상표명 '시발' 자동차 출시	

1955	• 민주당 창당(대표최고위원 신익희)	
1956	• 민주당 신익희 후보 선거운동 중 피살 • **3대 대통령에 이승만 당선** • 첫 텔레비전 방송국 개국	
1957	• 5.5 어린이헌장 선포 / 우리말큰사전 완간 • 동성동본 결혼 금지 입법	
1958	• 58년 개띠의 해, 연 출생 인구 100만명 • 북한, 천리마운동 시작	
1959	• 진보당 사건(7.31 조봉암 사형) • 일본, 교포 북송 시작(나가타 → 청진)	
1960	• 3.15 제5대 정부통령 선거 부정선거 • **4.19 민주혁명**(5.29 이승만 하와이 도주)	

	우리나라 안팎의 주요 사건	그해 나의 연표
1961	• 5.16 군사쿠데타 / 장면내각 총사퇴 • 경제개발5개년계획 발표	
1962	• 연호 변경(단기→서기) / 화폐개혁(환→원) • 김종필-오히라 비밀회담	
1963	• **케네디 대통령 암살** • 박정희 대통령 당선 • 제3공화국 출범	
1964	• 한일회담 반대시위 본격화 • 한-베트남 국군 파병 협정 체결	
1965	• **한일회담 조인** • 경부선 철도 복선 개통	
1966	• 베트남에 전투사단 1진 파병, 주월야전군 사령부 설치 • 존슨 미 대통령 한국 방문	
1967	• 대구서문시장 대화재(11월) • 6대 대통령 선거 박정희 재선 • 중앙정보부, 동베를린 간첩단 사건 발표	
1968	• 무장공비 서울 침입(1.21) 및 울진-삼척 무장공비 사건 • 전국민 주민등록증 발급	
1969	• 3선 개헌 • **미 아폴로11호 달 착륙** • 경인고속도로 개통	
1970	• 포항종합제철소 착공 • 경부고속도로 개통(7.7) 대전-전주 간 호남고속도로 개통(12.30) • 청년 전태일 분신(11.13)	
1971	• 4.27 대통령 선거, 박정희 3선 • 12.6 박정희, 국가비상사태 선언	
1972	• 세계 최초 금속활자 '직지' 발표 • **남북공동성명(7.4)과 10월유신 선포** • 북한, 사회주의신헌법 채택	

우리나라 안팎의 주요 사건	그해 나의 연표
1973 • 한국 여자 탁구 대표팀 세계대회 우승(4.10 유고 사라예보) • 김대중 납치 사건, 남북대화 중단	
1974 • 대통령 긴급조치 1호 발동, 민청학련사건 발표(4.3) • 8.15 육영수 여사 피격, 서울지하철 1호선 개통 • 동아일보 기자들 자유언론선언 발표	
1975 • **베트남전 종전·통일** • 장준하 선생 의문사	
1976 • 3.1 민주구국선언 발표(윤보선, 김대중, 함석헌 등) • 판문점 내 공동경비구역에서 인민군-미군 병사 충돌 • 전남 신안 앞바다에서 중국 송·원代 유물 대규모 인양	
1977 • 수출 100억불 달성 • 부가가치세 실시(7.1) • 이리역 폭발 사고(11.11)	
1978 • 통일주체국민회의에서 간선으로 박정희 9대 대통령 선출 • 한미연합사령부 발족(11.7)	
1979 • YH여성노동자 신민당사 농성 및 김경숙 사망 사건 • 김영삼 의원 제명, 부마항쟁 및 부산지역 비상계엄 선포 • 박정희 피살(10.26) 및 신군부 쿠데타(12.12)	
1980 • **5.18. 광주민주항쟁** • 최규하 하야(8.16), 김대중 사형 선고(9.17) • KBS 컬러텔레비전 방송 첫 송출	
1981 • 2.25 전두환 대통령 당선, 제5공화국 출범 • IOC총회에서 88올림픽 서울 개최 확정	
1982 • 부산 미문화원 방화 사건 • 5.1 야간통행금지 전면 해제	

우리나라 안팎의 주요 사건	그해 나의 연표

1983
- KBS 이산가족찾기 생방송, 3개월 이상 계속
- 프로야구 개막
- KAL기 피격(9.1) 및 아웅산 폭발 사건 발생

1984
- 서울대공원 개원
- 65세 이상 전철요금 무료화 시행

1985
- 2.12 총선, 신한민주당 돌풍 제1야당으로 부상
- 대학생들 미문화원 점거농성 사건
- 남북고향방문단 40년 만에 첫 혈육 상봉

1986
- 신민당 주도 직선제 개헌 서명운동
- 서울 아시안경기대회
- 권인숙 성고문 사건

1987
- 박종철 고문치사 사건,
  4.13 호헌선언과 6월 민주항쟁,
  이한열 시위 중 피격 사망
- 7~9월 노동자대투쟁 전개
- 13대 대통령선거 노태우 민정당 후보 당선

1988
- 대학생들 남북청년학생회담 요구 시위
- 서울올림픽(9.17~10.2)
- 국회 5공비리 청문회 및 전두환, 백담사 도피(11.23)

1989
- 헝가리와 국교수립, 공산권 국가와 첫 수교
- 문익환 목사, 임수경 학생 정부 허가 없이 방북
- 전국민의료보험제도 실시
- **베를린 장벽 붕괴(90년 독일 통일)**

1990
- 3당(민정·민주·공화) 합당, 민주자유당 창당
- 노태우-고르바초프 한러정상회담, 국교수립
- 남북고위급회담

1991
- **소비에트 연방 해체, 동유럽 사회주의국 연합체제 붕괴**
- 지방자치 첫 시군구의원 선거 실시
- 남북 유엔 동시가입, 남북 상호불가침 및 교류협력 합의서 채택

	우리나라 안팎의 주요 사건	그해 나의 연표
1992	• 황영조 바르셀로나올림픽 마라톤 우승 • 한중 수교, 중국대사관 개관 / 한-베트남 대사급 외교관계 수립 • 김영삼 후보 대통령 당선	
1993	• 북한 국제핵확산금지조약(NPT) 탈퇴 • 금융실명제 시행	
1994	• 북한 김일성 사망 • 성수대교 붕괴 • 국군 평시작전통제권 환수	
1995	• 삼풍백화점 붕괴 • 부동산실명제 시행	
1996	• 한국 OECD 가입 • 노동법 날치기 처리 반발, 노동계 총파업	
1997	• **IMF 외환위기**(12월) • 김대중 후보 대통령 당선, **헌정사 첫 여야 정권교체 실현**	
1998	• 김대중 대통령 취임 • 정주영 소떼 방북, 금강산 관광 개시	
1999	• 상록수부대 동티모르 파병	
2000	• **1차 남북정상회담 개최** • 의약분업 시행	
2001	• 일본 역사교과서 왜곡 파동 • 미국 9.11테러 발생	
2002	• 한국, 한일월드컵 4강 진출 • **노무현 돌풍, 대통령 당선**	
2003	• 대구지하철 참사(192명 사망, 151명 부상) • 개성공단 착공 • 미국, 이라크 침공 – 바그다드 함락	
2004	• 노무현 전 대통령 탄핵, 탄핵 반대 대규모 촛불시위 • 총선, 열린우리당 과반 당선 • 헌재, 행정수도 위헌 판결	

	우리나라 안팎의 주요 사건	그해 나의 연표
2005	• 북한, 핵보유 선언 • 황우석 줄기세포 연구 결과 조작사건	
2006	• 일본 시네마현에서 '다케시마의 날' 행사 강행 • 반기문 전 외교부장관, UN사무총장 피선	
2007	• 2차 남북정상회담 • BBK사건 논란 속 이명박 대통령 당선	
2008	• 국보 1호 숭례문 화재로 전소 • 미국산 소고기 수입반대 대규모 촛불시위 • 노인장기요양보험제도 시행	
2009	• 용산 참사 • 노무현 전 대통령 및 김대중 전 대통령 서거	
2010	• 김연아 밴쿠버 동계올림픽 피겨 금메달 수상 • 천안함 침몰 • 북한 연평도 포격	
2011	• **일본, 동일본대지진 발생** • 북한, 김정일 위원장 사망	
2012	• 북한, 김정은 조선노동당 제1비서 추대, '원수' 칭호 수여 • **대한민국 인구 5,000만 돌파** • 박근혜 대통령 당선	
2013	• 장준하, 김대중, 문익환 등 과거 판결 번복 무죄 판결 • 긴급조치 1, 4, 9호 위헌 판결 등 과거사 재심 판결 잇달아	
2014	• 세월호 침몰 사고(304명 사망) • 프란치스코 교황 내한, 순교자 123위 시복 미사 집전	
2015	• 메르스 확산 • 대한민국-일본 정부 간 위안부 문제 '최종적, 불가역적 합의' 선언	
2016	• 북한, 수소폭탄 및 대륙간 탄도미사일 발사 실험 거듭	

| 우리나라 안팎의 주요 사건 | 그해 나의 연표 |

2016
- 구의역 스크린도어 설치작업 청년 김 군 사망 사건
- 박근혜 전 대통령 국정농단 규탄 촛불시위, 국회 박근혜 전 대통령 탄핵안 발의

2017
- 북한 김정남 말레이시아 쿠알라룸푸르 국제공항에서 공격 받아 사망
- 박근혜 전 대통령 탄핵-구속, 문재인 대통령 당선

2018
- 서지현 검사 폭로 계기로 미투운동 본격화
- 평창동계올림픽, 북한 선수단 참여 속 성대히 개최
- 이명박 전 대통령 구속
- 3차 남북정상 평양 회담 및 판문점 회담, 북미 정상회담(싱가포르)

2019
- 2차 북미 정상회담(하노이)
- 3.1운동 및 임시정부 수립 100주년의 해
- 조국 법무부장관 인선 검찰 반대로 찬반 여론 격돌

2020
- **코로나19 사태 시작**
- 영화 〈기생충〉 아카데미 최우수작품상, 감독상 등 수상
- BTS 빌보트 차트 1위 3회

2021
- 코로나19 상황 지속, '위드 코로나' 방역 프로그램 시행
- 부동산 투기 폭증, LH직원 투기 사태 논란
- 미 대선, 트럼프 퇴진, 바이든 당선

2022
- 윤석열 정부 출범
- 이태원 할로윈 참사(159명 사망)
- 우크라이나전쟁 발발
- 중국 시진핑 주석 3연임

2023
- **합계 출산율 0.7명 기록**
- 한·미·일 정상 밀착 외교, 북·중·러 대응 밀착
- 잼버리 국제대회 행사 난맥상 노출, 부산 엑스포 유치 실패
- 이스라엘-팔레스타인 간 전쟁

2024

2-7 내 삶 쓰기
뒤 56~59쪽의 글처럼 살아온 이야기를 적어 보세요.

*지면이 부족하면 다른 종이에 이어서 기록하세요.

> 삶은 고통도, 그렇다고 기쁨도 아니다. 그것은 우리가 마땅히 해야만 하는 일이며, 죽음이 닥치는 그 순간까지 우리가 정직하게 해야만 하는 일이다. - 토크빌(Alexis de Tocqueville)

> 답설야중거(踏雪野中去) 불수호란행(不須胡亂行) 금일아행적(今日我行跡) 수작후인정(遂作後人程)
> 눈 내린 들판을 걸어갈 제 발걸음을 함부로 어지러이 걷지 말라.
> 오늘 걷는 내 발자국은 뒷사람의 이정표가 될 것이니.
>
> — 서산대사 휴정(休靜)

어느 약전(略傳)
꿈만 같은 나의 삶

박영자

1941년 9월 4일(음력) 딸 넷 중에서 셋째로 태어났습니다.
6.25가 일어나서 초등학교 2학년 때 피난을 갔습니다. 피난길에 부모를 잃고 수많은 사람들 틈에 끼어 나도 모르게 몇 날 며칠 가서 보니 고생 끝에 도착한 곳은 부산이었습니다. 부산 어딘지도 모르는 곳에 홀로 떨어져 추위에 떨고 배도 고프고 무섭고 낯설어 울고 있을 때 한 아주머니가 내 손을 잡고 구해 주었습니다. 그 길로 아주머니를 따라갔습니다. 아주머니는 걱정하지 마라, 여기서 일하고 있으면 된다고 하셨습니다. 그곳은 아동복을 만드는 제품 공장이었고 나는 시다로 일하게 되었습니다. 거기서 일하며 지낼 때 한 번만이라도 부모 형제를 만나면 죽어도 소원이 없겠다고 생각하며 살았습니다.

피난 중 가족 잃고 고아 되었다가 12년 만에 가족 찾아

세월이 흘러 미싱도 배우고 기술자가 되었습니다. 돈도 차곡차곡 모았습니다. 4·19가 일어나서 자유당이 물러나고 공화당이 되면서 박 대통령이 화폐개혁을 했습니다. 가진 돈을 바꿔야 한다는데 어떻게 해야 하는지 모르겠고 걱정만 되었습니다. 한 친구가 자기 아버지께 부탁하면 바꿔 줄 거라고 해서 돈을 전부 맡겼습니다. 그런데 친구 아버지는 돈을 주지 않았습니다. 어렵사리 달라고 말하면 니가 그 돈을 어찌 간수 하겠니, 내가 가지고 있다 주마, 하면서 끝내 주지를 않았습니다. 참 난감했습니다. 가족 없이 산다는 게 얼마나 서러운 일인가 뼈저리게 느꼈습니다.

그 일을 계기로 가족을 찾아야겠다고 생각했습니다. 어릴 때 기억을 떠올려 수소문을 했습니다. 작은아버지 이름을 기억하고, 근무하고 계시던 학교에 찾아보니 우체국에서 일하고 계셨습니다. 갖은 고생 끝에 12년 만에 만난 부모 형제는 모두 서울에 살고 있었습니다. 나도 서울로 왔습니다.

스물세 살 때 중매가 들어왔습니다. 시어머니 되실 분이 오셔서 아무것도 안 해 와도 괜찮으니 시집 와서 한 탯줄에 아들 다섯만 낳아달라고 하셨습니다. 남편은 6대 독자 외아들이었습니다. 자

손이 귀한 집이라서 그런지 결혼 후 별짓을 다해도 임신이 안됐습니다. 시댁에선 다시 장가를 들여야 한다며 남편을 선 자리에 내보냈습니다. 처음에 선보러 간 남편이 일찍 들어와 물어보니 "마음에도 없는데 뭐 하러 오래 있어" 대답했습니다. 다음 번 선보러 갔을 때는 좀 늦게 오길래 물었더니 "남의 집 귀한 처녀가 선보러 나왔는데 밥은 먹여 보내야 할 것 같아서…" 했습니다. 그 다음에 더 늦게 들어와선 "어떻게 밥만 먹고 가라고 하나… 집까지 데려다 줬지" 하더군요. '쫓겨나면 어쩌나' 참 마음고생이 심했습니다.

결혼 8년 만에 첫 딸

그러다 결혼 후 8년 만에 딸을 낳았습니다. 세상에 부러울 것이 없었습니다. 그때가 가장 행복했던 것 같습니다. 하지만 딸이 유치원에 다니도록 동생이 없자 아들이 있어야 대를 이을 거라며 또 남편을 다시 결혼시켜야 한다고 했습니다. 그렇게 세월이 가고 딸 낳은 지 8년 만에 아들을 낳았습니다. 식구들이 얼마나 좋아했는지 모릅니다. 남편은 춤을 추기도 했습니다.

아들 백일 때 남편은 회사에서 거나하게 술을 마시고 통행금지 때문에 오토바이를 타고 오다가 영등포 지하철 구덩이에 빠져서 갈비뼈가 부러지는 사고를 당했습니다. 이 병원 저 병원 다니며 일 년 정도 치료하려 애썼지만 그만 세상을 떠났습니다. 막막했습니다. 일 년 동안 치료비로 재산을 다 까먹었고 빚까지 생겼고 시부모와 아이들과 살아갈 길이 캄캄하였습니다. 게다가 시부모님은 충격으로 쓰러진 후 병이 되어 일어나지도 못하는 상황이었습니다. 부처님, 하느님 도와주십시오.

아들 낳고 1년 만에 남편 세상 떠

친구가 조그만 식당이라도 해보라고 권해서 식당을 차렸는데 목이 안 좋은 구석이라 장사가 안 됐습니다. 주변에서 밤에 여관을 돌아다니며 김밥을 팔아 보라고 했습니다. 통행금지 때문에 여관

에서 밥 먹으러 못 가는 사람들에게 김밥과 우유를 팔러 다녔습니다. 아들은 업고 딸은 걸리고 시장바구니를 들고 비오면 비 맞고 눈 오면 눈 맞고 다니다가 통행금지에 걸려 파출소에서 새벽 네 시까지 밤을 샌 적이 수도 없이 많았습니다. 다음 날 딸아이를 학교에 보내면 딸은 졸려서 제대로 공부도 못했습니다. 아이 둘 달린 젊은 아낙이 먹고살자고 애쓰는 게 가여웠는지 야경꾼들이 저 쪽 다른 길로 가면 안 붙들린다고 가르쳐 주어 집으로 무사히 간 적도 있습니다.

이태원에서 삼계탕과 통닭 튀김 장사도 했습니다. 삼계탕 3천원, 통닭 한 마리 튀겨 4천원을 받았어요. 장사는 잘 됐지만 이태원은 밤까지 영업하는 동네라 도통 잠을 잘 수가 없었습니다. 어떻게든 살아가야 한다는 압박감에 벼려선지 잠은 안 오는데 정신이 혼미해지면서 음식값을 계산할 수가 없었습니다. 손님들이 계산이 틀렸다며 왜 돈을 더 주냐고 한 날, 안되겠다 싶어서 문을 닫고 의자를 모아 놓고 잔 적도 있었습니다.

이렇게 애쓰는 엄마가 안쓰러웠는지 딸이 3학년 때 "엄마, 내가 돈 벌어 올게." 했습니다. "니가 어떻게 돈을 벌어" 했더니 "신문배달 하면 돈 준대. 내가 물어 봤어." 하는 것이었습니다. 기가 막혔습니다. '내가 더 열심히 살아야겠구나.' 생각했습니다. 별별 고생을 다 하면서도 아이들이 희망이었습니다.

아들이 네 살 때 병이 생겼습니다. 콩팥수술을 해야 한다고 들었을 때 그 자리에 선 채 발이 떨어지지 않았습니다. 억장이 무너지고 가도 가도 끝이 보이지 않는 길에 눈물도 메말라 버렸습니다. 그래도 고비를 넘겼습니다. 딸은 동생을 잘 돌봤고 둘 다 공부도 잘해 줘서 든든했습니다.

딸이 학교 졸업하고 대우회사에 입사했습니다. 딸 회사에서 주식을 사야 한다고 해서 있는 돈을 모두 모으고 딸 월급까지 더해서 주식을 샀습니다. 딸이 대기업 다니겠다, 이제는 집도 사고 주식 값이 오르면 마음 놓고 살아도 되겠지 했습니다. 그런데 1999년 대우그룹이 붕괴되고 김우중 씨가 자취를 감춰 주식은 휴지가 되었습니다. 그때 딸은 나를 위로해 주었습니다. 걱정 말라고, 다시 일어설 수 있다고요. 자기가 더 참담할 텐데 엄마를 위로하는 딸을 생각하면 대견스럽습니다.

지금까지 살아온 것 꿈만 같아

딸은 좋은 사람 만나 결혼해 남매를 두었습니다. 아들도 착하게 살아 학교 졸업하고 디자인 회사에서 열심히 일하고 있습니다. 아들 딸 사위 손자 손녀 모두 효자입니다.

어려움 속에서도 세월이 흘렀고 나는 딸을 남편 삼아, 친구 삼아 모든 것을 의논하고 믿고 의지하며 살았습니다.

올해 마흔 여섯인 딸이 가끔 말합니다. 복지관에 좋은 사람 없냐고, 서른일곱에 혼자 되어 우리들 키우느라 고생하신 엄마가 이대로 돌아가시면 너무 측은하다고, 용돈 드릴 테니 데이트 하시라고….

저는 지금 복지관에 다니고 있습니다. 공부를 못한 것이 한이 되어 늦은 나이지만 열심히 공부하여 지금은 책도 읽을 수 있고 은행에도 갈 수 있습니다. 손자가 책 읽어 달라고 하면 난감했었는데 지금은 읽어 줄 수 있고 마음이 편합니다. 친목회에 나가서도 기가 죽었던 내가 지금은 글자를 아니 마음이 뿌듯합니다. 자꾸 잊어버려 걱정이긴 한데 그래도 열심히 공부할 것입니다.

지금 행복합니다.

* 위 글은 칠곡할매글꼴로 디자인되었습니다.

서울시가 후원하고 (협)은빛기획이 진행한 〈내 삶 쓰기〉 글쓰기 교실에서 박영자 씨가 쓴 약전(略傳, 간략한 전기)입니다. 필자가 생전 처음 써본 긴 글이라고 합니다.

알아두는 상식
넷

치매와 전쟁

보건복지부에 따르면 국내 65세 이상 치매인구는 지난 2008년 42만 1,000명에서 2012년 53만 4,000명으로, 2023년 말 현재 100만 명을 넘어선 것으로 추정하고 있습니다. 2030년 142만 명, 2040년 226만 명, 2050년 315만 명으로 늘어날 것으로 예상합니다.

다른 나라 역시 다르지 않습니다. 전 세계적인 인구 고령화에 따라 거의 모든 나라에서 치매 환자가 확산일로에 있습니다. 국제알츠하이머협회는 전 세계 치매 환자 수를 5,500만 명 이상(2021년 기준)으로 추산하고 있으며, 2050년에는 지금의 3배에 달할 것으로 전망하고 있습니다. 세계보건기구(WHO) 역시 "치매만큼 전 세계적으로 위협적인 것은 없다"며 "국제사회가 대책 마련에 나서야 한다"고 촉구한 바 있습니다.

일본의 치매 인구는 2012년 기준 462만 명으로 65세 이상 노인 6명 중 1명이 치매 환자인 셈입니다. 치매로 인해 행방불명이 된 사람이 매년 1만 명을 넘고, 이 중 수백 명이 사망자로 발견되고 있는 실정입니다. 이에 일본 정부는 치매와의 전쟁을 선포하고, 국가 차원의 대책을 마련해 시행하고 있습니다. 치매 환자에 대한 의료서비스 개선뿐만 아니라, 행방불명이나 사기 피해 방지 등 환자 생활 전반을 지원하고 있으며, 600만 명에 달하는 치매 서포터를 더 늘리고, 치매 원인을 찾기 위한 대규모 역학조사도 진행하고 있습니다.

우리 정부도 이런 현실과 문제의 심각성을 인식하고, 세계적 대응에 발맞추어 지난 2017년부터 '치매국가책임제'를 시행하고 있습니다.

둘러보면 도움을 청할 곳이 없지 않습니다. 거주지 보건소로 미리 전화하셔서 일정을 상담하고 방문하면, 누구라도 치매 유병 여부를 확인하는 검진을 받을 수 있습니다. 검사비는 무료이고, 치매 증상이 확인되면 치료비용도 지원합니다.

치매는 퇴행성 질환이므로 일단 걸리게 되면 시간이 갈수록 상태가 악화돼 최소 10년 이상의 간병이 필요하게 됩니다. 문제는 '긴 병에 효자 없다'는 말처럼 치매 환자 가족의 하루는 24시간이 아니라 그 이상으로 느껴질 정도로 신체적, 경제적, 심리적 부담이 상상을 초월할 정도라는 것입니다. 그나마 치매를 조기에 발견하면 적절한 생활습관 유지와 꾸준한 관리를 통해 상당 부분 막을 수 있고, 진행속도도 훨씬 늦출 수 있다고 합니다.

한편, 치매와 함께 꼭 살펴야 하는 것이 우울증입니다. 우울증과 치매가 모두 뇌기능이 떨어지면서 생기는 질환이기 때문입니다. 우리나라 노인의 약 5~10%가 앓고 있는 정신과 질환이 바로 노인우울증인데, 이 우울증은 치매 발병 위험을 2배 가까이 높인다고 합니다. 조사에 따르면 60세 이상에서는 우울증이 발병한 뒤 일반적으로 5년쯤 지나 치매가 나타납니다. 우리나라의 노인 자살률은 OECD 1위이고 일본보다 6배나 높다고 하는데, 그런 요인 중 가장 큰 병리적 요인이 바로 노인우울증입니다.

물론, 우울증을 초기에 잘 치료하면 치매로 악화되는 것을 예방할 수 있습니다. 심한 우울증이 있는 어르신들은 정신과 치료가 필수적이지만 우울한 증상에 도움을 줄 수 있는 영양소의 섭취가 초기 우울증 증세가 있는 어르신들에게는 효과적입니다.

우울증 증상에는 흰쌀밥이나 흰밀가루 음식보다 현미밥이나 흑미밥, 통밀 음식이 좋고 혈액순환 개선에도 도움이 됩니다. 오메가3 지방산이 풍부한 생선을 많이 먹고 비타민B와 마그네슘이 풍부한 녹색 채소와 과일, 바나나, 시금치, 땅콩 등을 자주 섭취하는 것도 증상을 개선시키는 데 도움이 됩니다. 무엇보다 걷는 운동이 치매에 좋습니다. 땀이 날 정도로 하루 30분씩 일주일에 서너 번 규칙적인 운동과 함께 공부나 사회활동 등을 통해 뇌를 많이 사용하면 우울증과 치매를 모두 효과적으로 예방할 수 있습니다. 글을 쓰는 일, 기록하는 일도 치매 예방에 유익합니다.

바야흐로 100세 시대, 이제는 몸 건강뿐만 아니라 마음 건강에도 신경 써야 할 때입니다.

- 오영환_(사)시니어금융교육협의회 사무총장

알아두는 상식 다섯

치매예방수칙 3·3·3

3권(勸) : 즐길 것

1. 운동 : 일주일에 3번 이상 걸으세요. 일상에서 걷기 운동을 꾸준히 하세요.
5층 이하는 계단을 이용하고, 버스 한 정거장 정도는 걸어가도 좋아요.

2. 식사 : 식사를 거르지 말고, 생선과 채소를 골고루 챙겨 드세요.
기름진 음식은 피하고 싱겁게 드세요.

3. 독서 : 부지런히 읽고 쓰세요. 틈날 때마다 책이나 신문을 읽고, 글쓰기를 하세요.

3금(禁) : 참을 것

1. 절주 : 술은 한 번에 3잔보다 적게 마시세요.
다른 사람에게 권하지도 마세요.

2. 금연 : 담배는 피우지 마세요.
흡연은 시작하지 말고, 지금 담배를 피우고 있다면 당장 끊는 것이 좋아요.

3. 뇌손상 예방 : 머리를 다치지 않도록 조심하세요. 운동할 땐 보호장구를 반드시 착용하고,
머리를 부딪쳤을 땐 바로 검사를 받으세요.

3행(行) : 챙길 것

1. 건강검진 : 고혈압, 비만, 당뇨병을 예방하기 위해 혈압, 혈당, 콜레스테롤 3가지를
정기적으로 확인하세요.

2. 소통 : 가족, 친구와 자주 연락해서 만나고, 단체활동과 여가생활을 하세요.

3. 치매조기 발견 : 보건소에 가서 치매 조기검진을 받고, 치매 초기증상을 알아두세요.

[출처: 보건복지부 중앙치매센터]

고령자 의료 지원 신청 보건복지콜센터 ☎129

1. 치매가 걱정될 때

- 지원대상 : 만 60세 이상 어르신(전국가구 평균소득 100% 이하)
- 지원내용

검사 종류	검사 내용	지원 내용
선별검사	치매 진단 위한 간이정신상태검사	보건소에서 무료검사
진단검사	전문의 진찰, 치매척도검사	협약 병원에서 실시하는 검사비 중 일부(8만원) 지원
감별검사	혈액검사, 간기능검사, 뇌영상촬영 등	협약 병원에서 실시하는 검사비 중 일부 (종합병원급 8만원, 상급종합병원 11만원) 지원

2. 노인돌봄 종합서비스

- 지원대상 : 만 65세 이상 어르신 중 노인장기요양 등급 외 판정자로 거동이 불편하고, 인지력이 저하된 어르신
- 지원내용

지원 유형	세부 지원 내용
방문	정기·부정기 방문
진단검사	보호시설에서 여가활동, 물리치료, 급식 및 목욕, 교육상담 등
감별검사	신변 활동 지원(식사, 도움, 외출 동행 등) 가사지원(청소, 세탁, 취사 등)

보건복지콜센터 ☎129 이용 안내

미래의 삶

3 준비된 미래

나의 버킷리스트
사전의료의향서
유언록 및 상속의사 확인서

> 말로 갈 수도 차로 갈 수도 둘이서 갈 수도 셋이서 갈 수도 있다.
> 하지만 맨 마지막 한 걸음은 자기 혼자서 걸어야 한다.
> – 헤르만 헤세 (Herman Hesse)

3-1 내 삶의 버킷리스트

❶ 내가 꼭 만나야 할 사람

❷ 내가 꼭 말을 전해야 할 사람 그리고 해야 할 말(감사, 용서, 응원…)

누구에게 :

해야 할 말 :

> 내가 천사의 말을 할지라도 사랑이 없으면 요란한 꽹과리와 같고 세상의 모든 비밀과 지식을 알고 산을 옮길 만한 믿음이 있어도 사랑이 없으면 아무것도 아니요,
> 내게 있는 모든 것을 내어놓을지라도 사랑이 없으면 내게 아무 유익이 없다.
> – 고린도 교회에 보낸 첫 편지, 사도 바울(Paul the Apostle)

❸ 내가 하고 싶은 것

무엇을 :

누구와 함께 :

무엇을 :

누구와 함께 :

무엇을 :

누구와 함께 :

❹ 내가 가 보아야 할 곳, 가고 싶은 곳

어디를	누구와 함께

> 탐내지 말고, 속이지 말며, 갈망하지 말고, 남의 덕을 가리지 말고, 혼탁과 미혹을 버리고 세상의 온갖 애착에서 벗어나 무소의 뿔처럼 혼자서 가라.
>
> — 불교 경전 〈숫타니 파타〉

3-2 사전연명의료의향서

*옆 71쪽 보건복지부 사전연명의료의향서 서식 참조

사전연명의료의향서란
19세 이상의 사람이 향후 겪게 될 임종단계를 가정하여 의학 시술로 치료 효과 없이 임종시기만을 연장하는 연명의료에 대해 자신의 입장을 사전에 밝혀두는 문서.

사전연명의료의향서를 왜 작성하나?
불필요한 진료를 막아 진료비 낭비를 줄이고, 삶의 존엄한 마무리를 준비할 수 있도록 하기 위함.

사전연명의료의향서 작성 방법
- 다음 페이지 〈사전연명의료의향서〉를 작성
- 등록기관을 방문해서 등록을 완료해야 함.
- 국립연명의료관리기관 누리집 www.lst.go.kr에서 검색
- 가까운 보건소, 노인복지관 또는 국민건강보험공단 지사 방문을 권함.

사전연명의료의향서 등록 현황

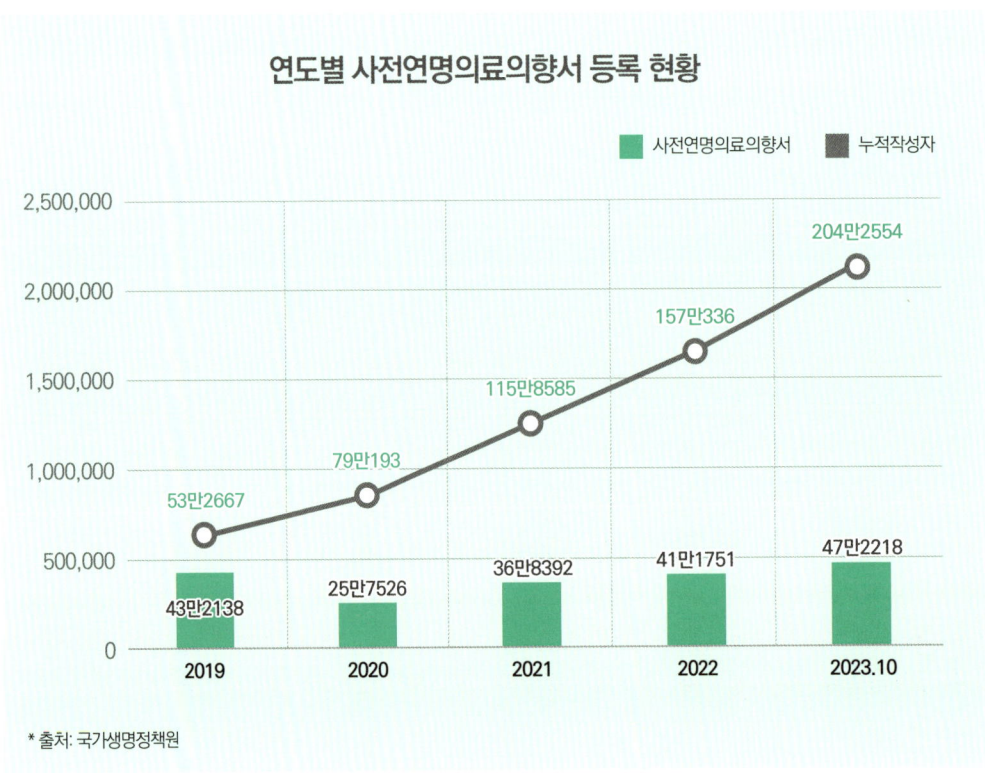

* 출처: 국가생명정책원

- 사전연명의료의향서를 가족, 이웃, 의료인 등의 도움을 받아 작성하세요.
- 건강보험공단(각 지사 포함)이나 보건복지부가 지정한 사전의료의향서 등록기관(보건소, 노인복지관 등)의 도움을 받을 수 있습니다.

■ 호스피스・완화의료 및 임종과정에 있는 환자의 연명의료결정에 관한 법률 시행규칙 [별지 제6호서식]

(앞쪽)

사전연명의료의향서

※ 색상이 어두운 부분은 작성하지 않으며, [ ]에는 해당되는 곳에 √표시를 합니다.

등록번호		※ 등록번호는 등록기관에서 부여합니다.	
작성자	성 명		주민등록번호
	주 소		
	전화번호		
호스피스 이용	[ ] 이용 의향이 있음　　　　　[ ] 이용 의향이 없음		
사전연명의료 의향서 등록기관의 설명사항 확인	설명 사항	[ ] 연명의료의 시행방법 및 연명의료중단등결정에 대한 사항 [ ] 호스피스의 선택 및 이용에 관한 사항 [ ] 사전연명의료의향서의 효력 및 효력 상실에 관한 사항 [ ] 사전연명의료의향서의 작성・등록・보관 및 통보에 관한 사항 [ ] 사전연명의료의향서의 변경・철회 및 그에 따른 조치에 관한 사항 [ ] 등록기관의 폐업・휴업 및 지정 취소에 따른 기록의 이관에 관한 사항	
	확인	위의 사항을 설명 받고 이해했음을 확인합니다. 　　　　년　월　일　　　성명　　　　　　(서명 또는 인)	
환자 사망 전 열람허용 여부	[ ] 열람 가능　　　　[ ] 열람 거부　　　　[ ] 그 밖의 의견		
사전연명의료 의향서 등록기관 및 상담자	기관 명칭	소재지	
	상담자 성명	전화번호	

본인은 「호스피스・완화의료 및 임종과정에 있는 환자의 연명의료결정에 관한 법률」 제12조 및 같은 법 시행규칙 제8조에 따라 위와 같은 내용을 직접 작성했으며, 임종과정에 있다는 의학적 판단을 받은 경우 연명의료를 시행하지 않거나 중단하는 것에 동의합니다.

　　　　　　　　　　작성일　　　　　　　　　　　　년　월　일
　　　　　　　　　　작성자　　　　　　　　　　(서명 또는 인)

　　　　　　　　　　등록일　　　　　　　　　　　　년　월　일
　　　　　　　　　　등록자　　　　　　　　　　(서명 또는 인)

210mm×297mm[백상지(80g/㎡) 또는 중질지(80g/㎡)]

3-3 상조서비스 관련 준비 확인

본인 / 자녀의 상조회사 가입 상황 확인

상조회사, 종교기관, 기타 등등	연락처

3-4 장례를 위해 준비해야 할 것들

점검 항목	준비 상황	비고
영정 사진		
수의		
조문보		
영상유언록		
기타		

꼭 알려야 할 사람 명부

이름	연락처	이름	연락처

3-5 사전장례의향서 가족, 이웃, 친구와 함께 작성하세요.

사전장례의향서(事前葬禮意向書)

주관자 지정 : _____

나 _____ 는(은) 온전한 정신 상태에서 내가 바라는 장례에 대한 소망을 이 문서로 작성합니다. 가족과 친지들이 여기에 기록된 나의 뜻을 존중해주기 바랍니다.

I. 부고의 방식
- ☐ 널리 알린다.　☐ 소수의 가족, 친지, 이웃들에게만 알린다.
- ☐ 가족들끼리 장례를 치른 후 알린다.

II. 장례의식
- ☐ 통상의 절차에 따라 엄숙히 한다.　☐ 가급적 간소하게 한다.　☐ 가족, 친지들만이 모여서 한다.

III. 장례형식
- ☐ 유교식　☐ 천주교식　☐ 기독교식　☐ 불교식　☐ 기타

IV. 부의금 및 조화
- ☐ 관례에 따라 한다.　☐ 받지 않는다.

V. 염습
- ☐ 정해진 통상의 절차대로 한다.　☐ 하지 않는다.

VI. 수의
- ☐ 전통 수의를 입힌다.　☐ 평소에 입던 정갈한 옷을 입힌다.

VII. 시신처리
- ☐ 화장 [봉안장 / 자연장 / 해양장 / 기타 :　　　　　　　　]
- ☐ 매장 [선산 / 공원묘지 / 기타 :　　　　]　☐ 시신기증 [기관 :　　　　　]

VIII. 기타 의견 (관, 삼우제 등 장례 후 의례, 영정사진 등에 대한 의견)

_____

기록일시 :　　년　　월　　일　　서명 :

3-6 내가 버리고 정리해야 할 것들 목록

구분	항목	당부(의뢰인, 처리 일정 등)
버려야 할 것		
관리해야 할 것	반려동물	
	사이버 기록	
	그 외	

3-7 제례에 대한 당부

제사·추도모임의 형식, 일정 등에 대한 주문

> 당신은 수많은 별들과 마찬가지로 거대한 우주의 당당한 구성원이다. 그 사실 하나만으로도
> 당신은 자신의 삶을 충실히 살아가야 할 권리와 책임이 있다.
>   — 맥스 에흐만(Max Ehrmann)

3-8 비문 쓰기

- 비석을 세울 경우, 전면에 고인에 대한 알림, 태어나고 운명한 날 기록, 후면에 자녀들 이름과 고인의 삶을 약술하는 것이 상례입니다.
- 혹 비석 또는 분향소 등에 게시해서 추모의 뜻으로 찾는 자녀, 지인들에게 남기는 얘기를 아래 빈 칸에 적어 주십시오.

3-9 유언록 및 상속의사확인서

유언록 및 상속의사확인서 작성 안내

- 유언록 : 77쪽을 먼저 읽고 아래 빈 칸에 가족이나 이웃에게 남길 이야기를 적으십시오.
- 상속의사 확인서 : 다음의 상속서류 양식에 맞추어 적고, 아래에 자필 서명과 인감 날인으로 증명하시면 됩니다. (80~81쪽)

유언록

기록일시 :   년   월   일   이름 :   서명 :

 함께 읽는 글 ③

어느 당부의 글

자식들에게

죽음은 끝이 아니요 새로운 삶의 연속이라고 믿어 의심치 않는다. 새로운 삶으로 가는 여정에서 이 세상에 두고 가는 여러 자식, 손자, 친지, 이웃들에게 재밌게 살고 간다고 고마움을 전한다. 이 세상의 끈을 다 버리고 저 세상으로 가는 과정에 이별의 아쉬움이 없겠느냐마는 모두가 과정이라고 생각해라. 절대로 울지 마라. 엄마, 아빠가 너희 집에 있다가 갈 때처럼 해라.

사진은 미리 준비해 놨으니 찾아서 써라. 수의는 평소에 입던 의복을 쓰고 얼굴은 싸매지 마라. 화장할 테니 관도 소품으로 하고 ○○가족공원 ○○가족묘지 ○○-○호가 우리 묻힐 자리다 조화는 사절하고 부의금도 사절하였으면 하는데 의논해서 해라. 강제하지는 않겠다. 조촐하게 조용히 지내고 제사는 절대로 지내지 마라. 명절에는 설과 추석 합동 위령 미사에 신청해라.
윗대 조상님에 대한 제례는 명절 성묘로 대체해라. 묘지 관리비, 꽃값, 미사예물 등 비용은 엄마, 아빠의 예금에서 떼어 두었다가 쓰도록 해라.

우애를 해치지 않도록 서로 조금씩 양보하며 지내라. 그러면 너희도 복을 받을 것이다. 남겨진 재산은 공평하게 나누고 서로 갈등이 생기지 않도록 양보해라. 우리 모두 잘 살아주었으니 부득이 재산 상속 유언장을 형식에 맞게 남겨 놓지 않아도 상식에 벗어날 욕심을 갖지 않고 너희도 잘 살아줄 것이라 믿어 의심치 않는다.
속상한 일이 생기면 하늘을 보고 열(10)을 세어라. 그래도 풀리지 않으면 백(100)을 세어라. 재밌게 살도록 노력해라. 매사에 감사하고 행복해라. 믿음은 꼭 지켜라.
돌아보니, 서툴게 시작한 삶인데 재밌게 살았다.

[출처] 은빛기획 발행 〈감나무 이야기〉(김기태 저, 비매품) 126~127쪽 인용

상속의사확인서

*뒤 80-81쪽 상속의사확인서 양식 참조

민법이 정한 법률상 상속의 우선 순위

: 배우자·자녀-배우자·부모(손자녀) – 형제자매 – 4촌 이내 혈족

민법 제1000조(상속의 순위)
①상속에 있어서는 다음 순위로 상속인이 된다.
1. 피상속인의 직계비속
2. 피상속인의 직계존속
3. 피상속인의 형제자매
4. 피상속인의 4촌 이내의 방계혈족

민법 제1001조(대습상속) 전조 제1항 제1호와 제3호의 규정에 의하여 상속인이 될 직계비속 또는 형제자매가 상속 개시 전에 사망하거나 결격자가 된 경우에 그 직계비속이 있는 때에는 그 직계비속이 사망하거나 결격된 자의 순위에 갈음하여 상속인이 된다.

민법 제1003조(배우자의 상속순위)
②제1001조의 경우에 상속 개시 전에 사망 또는 결격된 자의 배우자는 동조의 규정에 의한 상속인과 동순위로 공동상속인이 되고 그 상속인이 없는 때에는 단독상속인이 된다.

상속의사확인서는 왜 필요한가

앞으로 50년 동안 사망에 이르게 될 세대는 단군 이래 가장 자산이 많은 세대입니다. 어쩌면 후대들보다도 많은 자산을 가진 유일한 세대가 될 가능성이 있습니다.

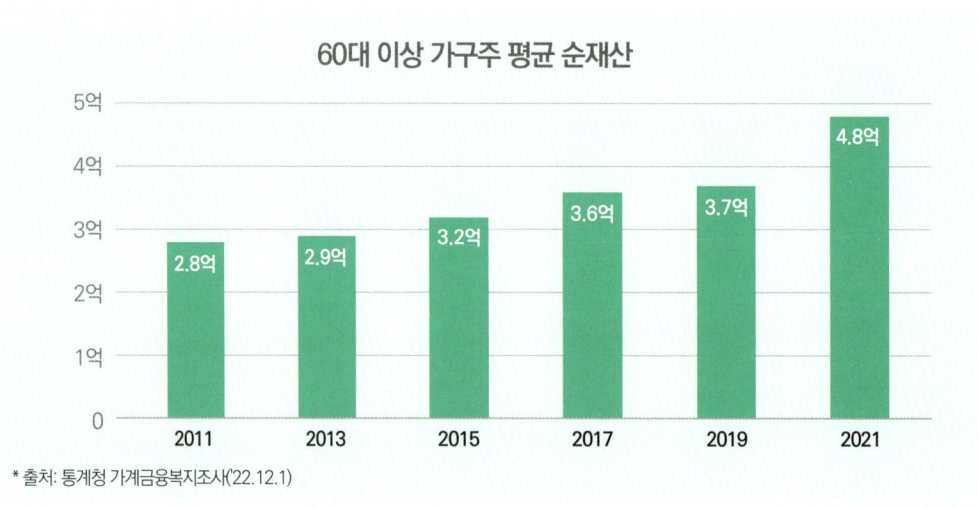

최근 상속 문제를 둘러싼 분쟁이 크게 증가해서 이혼 분쟁보다 더 많아져 연 5만 건을 넘고 있습니다.

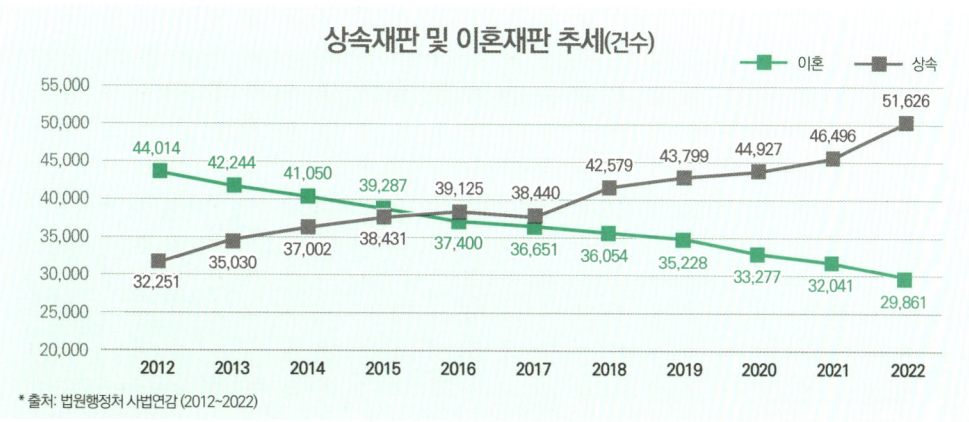

유가족들의 분쟁을 막고, 재산형성 당사자의 의사를 명확히 해둠으로써 상식적인 재산 회귀를 보장하기 위함입니다.

상속의사의 표시 방법

① 상속의사 확인 문서 ② 상속의사 표시 녹음 또는 영상 ③ 공증사무소에 보관하는 공정증서 등이 있음.

상속문서 작성 때 주의사항

- 법률분쟁에 대한 판례 등을 감안할 때, 이름·작성일자·주소·상속내용을 자필로 쓰고, 날인에는 도장을 사용하는 것이 최선입니다.
- 분쟁을 최소화하기 위해 자필문서와 함께 동영상(핸드폰 활용)을 병행할 것을 추천합니다.
- 상속의사 확인서는 수정할 수 있고, 그럴 경우 최신 의사가 유효합니다.
- 상속의사 확인서 작성 후 문서 보관 대책을 마련해야 합니다.
  상속권자(수유자)나 상속집행인 또는 기타의 법률 대리인을 검토할 수 있을 것입니다.

(사)웰다잉 문화운동
홈페이지 QR코드

〈웰다잉문화운동〉이 심각해지는 상속문제를 살피고, 유언장 쓰기 확산과 유산기부 활성화 운동을 전개하고 있습니다. 상담하고, 조력을 구할 수 있습니다.

(사)웰다잉문화운동 사무국 : 02-777-0204
서울특별시 서소문로 116 유원빌딩 1309호
www.welldyingplus.org

상속의사확인서

상속의사확인서

■ 나는 다음과 같이 유산 상속을 당부한다.

_____ 에게는

- _____
- _____
- _____

_____ 에게는

- _____
- _____
- _____

_____ 에게는

- _____
- _____
- _____

_____ 에게는

- _____
- _____
- _____

■ 내게는 다음과 같은 부채가 있고, 이는 다음과 같이 청산할 것을 당부한다.

- _____
  _____
  _____
  _____
  _____

■ 유산 사회 기증

- _____
  _____
  _____
  _____

은 사회에 기증한다.

나는 _____ 을(를) 위 상속의사 집행자로 지명한다.

주소(본인) : _____

작성일자 : _____

확인 : _____   날인: _____ ㉠

생각하는 삶

4
삶을 기록하는 당신을 응원하는 글

유시민 인생노트 : 지구를 떠나는 현명한 방법

박노숙 인생노트 : 지구에서 현명하게 살아가는 방법

노항래 내 삶 쓰기 교실, 조문보, 생애보, 인생노트
그리고 나의 인생극장

> 아무도 죽기를 원하지 않는다. 그래도 죽음은 우리 모두의 숙명이다.
> 아무도 피할 수 없다. 왜냐하면 삶이 만든 최고의 발명품이
> 죽음이기 때문이다.
> — 스티브 잡스(Steven Paul Jobs)

 응원하는 글 ❶

인생노트 :
지구를 떠나는 현명한 방법

유 시 민
작가, 전 보건복지부 장관

저는 65년 넘게 지구 행성에 살았습니다. 앞으로 조금은 더 머무를 것 같고요.

서너 살 무렵 이후 경험한 중요한 일들을 대략 기억하고 있습니다. 여러분도 첫 기억이 있으시죠? 제 첫 기억은 사진보다 영상에 가깝습니다. 고무신을 든 손으로 벌을 쫓는 장면이지요. 오래된 기와집, 너른 마당, 아버지의 꽃밭, 조그만 돌을 이어 만든 꽃밭 경계선, 조그만 꽃을 달고 서 있는 키 작은 채송화, 잉잉대면서 날아다니는 꿀벌. 경주의 우리 집은 조각난 기억이지만 여전히 또렷하게 뇌리에 남아 있습니다.

대한민국 정부가 1959년에 추정한 신생아 기대여명은 55년이었습니다. 저는 벌써 그보다 10년을 더 살았습니다. 정부가 강력한 공중보건 정책으로 기생충과 전염병을 퇴치했고, 경제가 발전하고 소득이 높아져 사람들이 충분한 영양분을 섭취했으며, 의약품과 의료기술이 좋아지고 의사와 병원이 많아졌고, 국민건강보험 덕분에 병에 걸리거나 다칠 경우 신속하게 적절한 치료를 받을 수 있었기 때문입니다. 이것은 한국 현대사가 우리 세대에게 베풀어준 축복입니다. 게다가 당뇨나 고혈압 같은 만성병에 아직 걸리지 않은 것으로 보아 저는 운 좋게도 그런 질병을 유발하는 유전자를 물려받지 않은 듯합니다. 이 모두가 감사한 일이라 생각합니다.

태어나는 것은 계획하거나 준비할 필요가 없습니다. 출생은 무엇도 스스로 결정하거나 선택할 수 없는 사건입니다. 그러나 죽음은 다릅니다. 아무 준비 없이 맞을 수도 있지만 많은 것을 계획하고 선택하고 준비할 수 있습니다.

1980년대에 '구로노동상담소', '구로노동자문학회'에서 활동한 적이 있는 노항래 님은 오래전부터 사회적 기업을 만들어 조문보(弔文報) 사업을 하고 있습니다. 공직을 수행하느라 잠시 떠나기도 했지만 다시 돌아왔습니다. 조문보는 세상을 떠난 분의 삶과 죽음을 간략하게 정리한 텍스트입니다. 남은 사람이 떠난 사람과 정서적으로 교감할 수 있도록 북돋웁니다.

어느 날 노항래 님이 저한테 가계부 비슷하게 생긴 책자를 하나 주었는데, 제목이 〈인생노트 : 삶은 기록을 남긴다〉였습니다. 그것을 보고 이 글을 썼습니다. 제가 쓸 '유언록'의 일부입니다.

〈인생노트〉를 보면서 사는 일뿐 아니라 죽는 일에도 계획과 준비가 필요하다는 사실을 새삼 깨달았습니다. 내가 누구인지, 어떻게 살았는지, 아끼고 사랑한 사람이 몇이나 되는지, 떠나기 전에 꼭 보고 싶은 사람은 누구인지, 지금 무엇을 가지고 있으며 세상을 떠날 때 뭐가 얼마만큼 남을지, 혹시 남는 게 있다면 어떻게 처리해야 할지, 늙고 병들어 다시는 회복하기 어려운 처지가 되었을 때 가족과 의료진이 어떻게 해주면 좋을지, 내가 죽은 다음 남은 육신은 어찌 처리하게 해야 할지…. 내 스스로 판단하고 내가 원하는 그대로 이루어질 수 있도록 하려면 그에 맞게 준비를 해 두어야 합니다.

저는 이 모든 문제들에 대한 생각을 글로 정리합니다. 한 번 쓰는 것으로 끝나는 게 아닙니다. 생각은 언제든 달라질 수 있습니다. 그럴 때는 고쳐 써야 하겠지요. 여기서는 〈인생노트〉의 '사전연명의료의향서'와 '사전장례의향서'에 대해서만 여러분과 생각을 나누려고 합니다.

사전연의료의향서와 사전장례의향서

사람은 죽음이 임박하면 판단력이 흐려질 수 있습니다. 무엇인가를 판단해도 확실하게 의사 표시를 할 수 없을지 모릅니다. 자신이 앓고 있는 질병에 대해, 그 질병을 치료하는 방법에 대

"이런 묘지에 남고 싶지 않다. 하늘과 바람과 별에게 가고 싶다."

해, 생애의 마지막 시간을 맞는 방법에 대해 합리적인 의사결정을 하지 못하고, 결정하는 경우에도 의료진과 가족한테 전할 수 없는 상황이 올 수도 있다는 뜻입니다. 그러니 몸과 정신이 건강할 때 그런 경우 어떻게 해 달라고 미리 말해두는 것이 현명합니다. 그 이야기를 담은 것이 바로 '사전연명의료의향서'입니다.

오래전부터 캠페인을 했던 시민단체와 보건복지부는 '존엄사법'에 따라 '사전연명의료의향서' 서식을 만들었습니다. 이 서식의 주요 항목과 그에 대한 저의 생각은 다음과 같습니다.

뇌사, 회복이 불가능한 질병 말기 상태, 노화로 인한 사망 임박 상태에 이를 경우 저는 연명치료를 거부합니다. 죽음의 시기만 늦추는 심폐소생술 시도, 기도 삽관과 인공호흡기 부착, 인공심장박동조율기 부착, 인위적인 영양공급, 혈액투석, 수혈, 항암제 투여를 하지 말라는 뜻입니다. 다만 통증을 완화하는 의료적 처치는 해 주기를 바랍니다. 죽을 때 너무 아프면 안 되거든요. 혹시 죽은 후에도 각막을 비롯해서 타인의 삶에 도움이 되는 장기가 남아 있다면 기증해 주기를 원합니다.

이런 저의 의향을 담아 '사전연명의료의향서'를 작성하고자 합니다. '사전연명의료의향서'는 국가에서 지정한 기관을 직접 찾아가 일대일 상담을 통해 자신의 의사를 정확히 밝히고, 그 내용을 기록하면 됩니다. 전국적으로 많은 기관들이 지정되어 있지만, 가까운 국민건강보험공단을 찾아가는 것이 가장 쉽고 빠른 길입니다.

여기까지는 죽기 전 일에 관한 이야기입니다. 죽은 다음의 문제는 '사전장례의향서'에 담으려 합니다. 사망진단이 내려지면 제 뜻에 따라 장례를 치르도록 하려는 겁니다. 여기 쓸 내용은 이렇습니다. 장례식은 가족과 가까운 친지들만 모여 조용하게 치러주기를 원합니다. 부고를 내지 말고 빈소를 차리지 않으며 조문이나 부의금을 받지 말고 장례가 다 끝난 후에 필요한 분들에게만 사망 사실을 알리기 바랍니다. 어떤 종교적 의례도 하지 말고 염습도 하지 않으며 수의가 아니라 평소 즐겨 입던 옷을 입혀 관 없이 화장하기를 당부합니다.

이 모든 일들이 진행되는 동안 누구도 슬퍼하지 않았으면 좋겠습니다. 저는 제가 받은 운명 안에서 스스로 선택한 삶을 옳다고 믿는 방식으로 살다가 때가 되어 떠나는 것일 뿐입니다. 화장하고 남은 것은 잘 썩는 천에 담아 땅에 묻고, 병충해에 강한 나무를 한 그루만 심되 어떤 표식도 하지 말기 바랍니다. 장소는 제가 미리 마련해 두려고 합니다. 우리 아이들과, 혹시 그 아이들이 자식을 낳는다면 그 아이들까지도 함께 가족 소풍을 나오면 좋을 만한 곳으로요.
장례 절차는 이것으로 끝입니다. 장례 이후에도 종교적 제례를 일절 하지 말고, 내가 죽은 날이든 명절이든 절대 제사상을 차리지 말기를 바랍니다. 나는 향불과 음식 냄새가 풍기는 제사상 근처가 아니라 하늘과 바람과 별에게로 갈 테니까요. 혹시 내 생각이 많이 나는 때가 있다면, 모여서 맛있는 음식을 먹으면서 즐거운 추억만 나누기 바랍니다. 이런 내용의 사전의료의향서를 담은 〈인생노트〉를 가족이 아는 곳에 보관해 둘 겁니다.

삶과 죽음 모두 자연의 한 조각입니다
과학자들이 연구한 바에 따르면 호모사피엔스가 출현한 것은 겨우 20만 년 또는 30만 년 전이라고 합니다. 북유럽 사람들이 네안데르탈인 유전자를 조금, 동아시아 사람들은 호모 에렉투

스 유전자를 조금 가지고 있다는 사실을 받아들여도 인류 역사는 기껏 몇백만 년 정도밖에 되지 않습니다. 그런데도 호모사피엔스는 발을 디딘 모든 땅에서 수천만 년 살아온 대형 포유류를 거의 다 멸종시켰고, 바다의 포유류도 대부분 멸종 위기에 몰아넣었습니다. 강과 바다를 화학약품과 플라스틱으로 뒤덮이게 했고 지구 생태계를 몇십 번 파괴하고 남을 만한 양의 핵무기를 비축했습니다. 숲을 없애고 화석연료를 태워 지구 대기의 화학적 구성을 변화시킴으로써 생태적 절멸의 위기를 자초했습니다.

호모사피엔스가 지구 행성에서 하는 행동은 우리 몸에서 암세포가 하는 행동과 다르지 않습니다. 숙주가 죽으면 자신도 죽는다는 이치를 깨닫지 못하고 자기 증식이라는 맹목적 본능을 따릅니다.

사거용인(死居龍仁)이라는 말이 있습니다. 그래서인지 용인에는 공원묘지가 유난히 많지요. 비탈진 산자락에 옹벽을 치고 그 옹벽이 만든 평평한 공간에 빼곡하게 봉분을 만들어 놓았습니다. 옹벽을 모두 허물고 봉분 자리에 나무를 한 그루씩 심었다고 상상해 보십시오. 용인뿐만 아니라 전국의 모든 무덤 자리에 봉분 대신 나무가 한 그루씩 서 있는 풍경을 마음에 그려 보십시오. 세상은 훨씬 더 나은 곳이 될 겁니다.

사람의 몸을 구성하는 물질은 우주를 구성하는 물질과 같다고 합니다. 사람이 죽으면 몸은 그 무엇도 사라지지 않고 원래 왔던 우주로 돌아갑니다. 장례를 어떻게 치러도 이 사실은 달라지지 않습니다. 들판에 던지면 짐승과 벌레와 새가 뜯어먹고 바다에 던지면 물고기가 먹습니다. 땅에 묻으면 미생물과 벌레가 파먹습니다. 불에 태우면 그런 과정 거치지 않고 곧장 우주로 갑니다. 용인이든 어디든 죽은 사람이 기거하는 곳은 없습니다.

인류 역사에는 훌륭한 가르침을 준 인물이 많습니다. 소크라테스는 자신이 누구인지 알라고 말했습니다. 석가모니는 태어남과 죽음이 하나라고 가르쳤습니다. 묵자는 인간이 자연의 일부라고 설파했습니다. 이런 것을 모른 채 살고 죽는다면 인간의 삶이 하루살이의 삶과 뭐가 다를까요? 살아 있든 죽었든, 우리는 모두 우주의 일부입니다. 태어남과 죽음이 하나라는 것은 인간이든 다른 동물이든 다 마찬가지입니다. 인간의 태어남과 죽음이라고 해서 특별한 의미가 있을 리는 없습니다. 자신이 원하는 삶을 스스로 옳다고 믿는 방식으로 최선을 다해 살면서 느끼는 기쁨 말고는 우리 인생에는 다른 의미가 없다는 것을 〈인생노트〉를 보면서 다시 확인합니다.

이 노트는 매우 생산적인 상품입니다. 고령자의 품위 있는 노후생활을 돕습니다. 기억하고 기록하는 작업은 삶의 활력을 제공합니다. '사전연명의료의향서'는 의료자원의 낭비를 줄이고 합리적 의료행위를 돕습니다. 세대 간 대화와 이해를 높입니다.

그럴 일은 없지만, 제가 또 복지부 장관이 된다면 이 노트를 많이 보급하려고 최선을 다해 노력할 것 같습니다. 더 많은 시민이 〈인생노트〉를 쓸 수 있도록 정부와 건강보험공단과 국민연금공단, 각급 지방자치단체의 행정 책임자들이 관심을 가지고 노력하게 되기를, 〈인생노트〉가 더 알차고 멋지게 발전해 가면서 더 많은 분의 사랑을 받게 되기를 응원합니다.

 응원하는 글 ❷

인생노트 :
지구에서 현명하게 살아가는 방법

박 노 숙
목동어르신복지관장, 한국노인종합복지관협회 회장

현재 지구에서 살고 있는 인구는 78억 명입니다. 78억 명의 인구는 살아가는 방식이 다릅니다. 78억 명. 인구 숫자가 너무 많다고 느껴집니까? 그렇다면 한반도 인구 7,500만 명, 대한민국 인구 5,000만 명. 5,000만 명 중에서 사망률이 높은 65세 노인인구는 1,000만 명입니다. 숫자가 훨씬 적어졌습니다. 2022년 현재 하루 평균 1,050명이 사망하고 있습니다. 사망의 원인은 질병이 800여 명으로 약 90%를 차지하고, 자살과 교통사고와 추락 등 불의의 사고가 60여 명, 8%입니다. 질병으로 사망하는 800여 명은 가족과 친지, 이웃과 친구와 마지막 인사를 할 수 있지만 불의의 사고는 작별인사도 못한 채 하늘의 별이 됩니다. 生과 死. 확 타올랐다 훅 꺼지고 마는 불티와 같습니다.

지금 이 순간, 〈인생노트〉를 손에 쥔 당신도 가까운 사람을 갑자기 떠나보낸 경험이 있습니까? 그때의 마음이 어땠습니까? 지금도 가슴이 철렁 내려앉고 머리가 띵하고 가슴이 쿵쾅거리지 않습니까? 저도 그랬습니다. 119 응급자동차 소리가 들리면 문득 삼풍백화점 붕괴 사고로 떠난 큰오빠의 모습이 떠오릅니다. 준비 없는 생이별 때문입니다. 29년 전 일입니다.
설령 질병으로 오랫동안 고생했던 분을 떠나보내도 개인의 경험에 따라 아쉬움과 그리움, 미안함과 분노 그리고 억울함 등 복잡한 감정이 오르내립니다.
노인복지관을 이용하는 어르신은 "말도 마라, 내가 살아온 걸 책으로 쓰면 한 트럭이 넘을 끼다. 내 가슴 열어 보까? 시커먼 숯검댕일 끼다" 하십니다. "결혼이 뭔지도 모르고 했고, 없는 살림에 못 먹고 안 입고 자식 입에 밥 들어가는 걸 보며 살았는데, 나도 이제 늙고 억울함만 남았네" 토로하십니다.
맞습니다. 바글바글 속 끓이며 살아온 날이 얼마나 많습니까? 한 고비 넘기고 또 한 고비를 넘기는 게 인생입니다. 바쁘게 살아온 우리의 삶이 늘 그랬습니다.
장석주 시인은 〈대추 한 알〉이라는 시에서 '저게 저절로 붉어질 리는 없다. 저 안에 태풍 몇 개, 저 안에 천둥 몇 개, 저 안에 벼락 몇 개'라고 했습니다. 우리 신체의 눈동자만 한 작은 대추 한 알도 봄부터 가을, 붉어지기까지 숱한 고행을 겪었다고 하지 않습니까.

인생노트

자기만의, 나만의 〈인생노트〉 한 권 장만하십시오. 열심히 살아온 당신의 이야기를 한번 써 보십시오. 〈인생노트〉는 삶을 기록하는 책입니다. 자신의 삶을 기록하는 노트입니다. 자신의 삶을 돌아보고, 현재의 삶을 정리해보고, 사전연명의료의향서도 작성해 볼 수 있습니다. 더 중요한 것은 내가 앞으로 무엇을 하고 싶은지, 어떻게 하고 싶은지, 왜 하고 싶은지, 언제 누구와 같

이하고 싶은지 써 보는 겁니다. 그리고 무엇보다 중요한 건 죽기 전에 꼭 해보고 싶은 것을 순서대로 써 보는 일입니다. '버킷리스트'입니다.

지금까지 살아온 이야기와 앞으로 살아갈 이야기를 〈인생노트〉에 기록하다 보면, 가까운, 아주 가까운 사람에게 지금까지 느껴보지 못한 그 무엇이 몽글몽글 올라올 수 있습니다. 부모님과 형제와 자녀, 이웃과 옛 직장동료에 대한 그리움과 미안함, 여러 가지의 마음 상태입니다. 어느 어르신은 〈인생노트〉에 어머니에 대해 글을 쓴 뒤의 소감을 "아버지는 무덤에 묻은 것 같고, 어머니는 가슴에 묻은 것처럼 아려요" 했습니다.

건강, 노후자금, 여가활동

어르신들의 최대 관심은 첫째 건강, 둘째 노후에 필요한 돈, 셋째 문화여가활동입니다. 이 세 가지는 어르신뿐 아니라 누구에게나 중요한 욕구입니다. 건강은 신체와 정신으로 나눌 수 있는데, 〈인생노트〉에서는 정신건강이 우선입니다. 노후자금 또한 현대를 살아가는 우리에겐 필수입니다. 돈이 많으면 좋고 적으면 나쁘다가 아니라 일상에서 돈으로부터 얼마나 자유로운가 하는 것입니다. 세 번째는 노인의 고통을 해소하는 일입니다. 일반적으로 노인에게는 네 가지의 고통이 있습니다. 4고(苦)라고 합니다. 빈곤, 역할상실, 고독, 소외감입니다. 문화여가활동만 잘해도 네 가지 고통 중에서 역할상실, 고독, 소외로부터 해방될 수 있습니다.

대한민국의 노인복지관은 세계 어느 나라에도 없는, 노인을 위한 최상의 공간이자 노인복지서비스를 제공하는 최고의 기관입니다. 전국 400여 곳, 등록회원 250만 명입니다. 평생교육과 일자리, 맞춤돌봄서비스와 장기요양서비스 등 하루 100만 명 이상의 지역주민이 이용하고 있습니다. 코로나19 이후부터는 스마트기계 활용, 헬스케어, 로봇체험 등 저비용 고효율의 촘촘하고 다양한 여가문화프로그램을 개발·보급하고 있습니다.

서울시 양천구 목동어르신복지관도 평생교육의 일환으로 웰다잉사업인 '해피엔딩' 특강을 개설하여 아름답고 존엄한 삶의 마지막 정리를 돕는 사전연명의료의향서, 삶 돌아보기, 죽음준비 교육을 진행하고 치매예방 교육으로 무용의 '우아 댄스', 스마트폰 두뇌건강의 '새미톡', 뇌건강의 '한상 차림' 요리교실과 숲치유 '힐링캠프' '뇌건강학교'를 성황리에 진행하고 있습니다. 지난해에는 한국노인종합복지관협회를 통해 뇌건강학교를 전국 60곳, 보건복지부 지원 웰다잉사업 또한 36곳에서 동시에 진행했습니다. 2022년부터 노인복지관도 사전연명의료의향서 등록기관으로 지정되어 국가생명윤리정책원과 함께 지역주민 누구나 노인복지관에서 사전연명의료의향서 등록에 관한 상담을 받을 수 있습니다.

방문객

정현종

사람이 온다는 건
실은 어마어마한 일이다.
그는
그의 과거와
현재와
그리고
그의 미래와 함께 오기 때문이다.
한 사람의 일생이 오기 때문이다.
부서지기 쉬운
그래서 부서지기도 했을
마음이 오는 것이다 - 그 갈피를
아마 바람은 더듬어볼 수 있을
마음.
내 마음이 그런 바람을 흉내 낸다면
필경 환대가 될 것이다.

또, 올해부터 사회복지공동모금회 지원으로 노년층, 중장년층, 초중고생 대상으로 세대별 웰다잉문화 확산을 위한 '웰다잉교육체계화사업'을 2025년까지 진행할 예정입니다.

웰빙에서 웰다잉으로

죽음이 가까운 어르신의 바람은 '잠결에 죽으면 좋겠다', '99세까지 88하게 살다가 2.3.4일 앓다 가면 좋겠다', '내 죽음은 내가 선택한다, 존엄한 죽음을 위해 연명치료는 거부한다'입니다. 우리나라는 죽음을 가까이하고 싶지 않았던 시절도 있었고, '죽음' 단어조차 입 밖으로 내지 못하게 했던 시기도 있었습니다. 삶은 밝음이고 죽음은 어둡고 두려움의 대상이었습니다. 가난으로 부모님을 잘 모시지 못한 회한에서 온 죽음의 문화가 아닐까 싶습니다. 세상이 바뀌었습니다. 한때는 올바른 먹거리운동 차원에서 웰빙에 관심이 높았습니다. 웰빙문화운동은 존엄한 죽음, 웰다잉문화운동으로 확장되었습니다. 죽음은 끝이 아니라 새로운 삶의 연속임을 믿는 사람이 많아졌습니다.

원시인간의 등장은 약 700만 년 전, 현대인종의 등장 또한 약 200만 년 전입니다. 현재는 과거의 연속이고 미래를 잇는 것이 오늘입니다. 정현종은 〈방문객〉이라는 시에서 '사람이 온다는 건 실은 어마어마한 일이다. 그는 그의 과거와 현재와 그리고 그의 미래와 함께 오기 때문이다'라고 했습니다. 그리고 '필경 환대가 될 것이다'라는 문장으로 끝을 맺습니다. 삶과 죽음은 환대의 축제입니다. 700만 년 전부터 죽지 않은 사람은 아무도 없으니 천상병의 시 〈귀천〉의 내용처럼 죽음은 하늘로 돌아가는 가벼운 소풍입니다.

오래된 미래

제게는 손자 두 명이 있습니다. 큰아이는 다섯 살, 작은아이는 첫돌을 맞았습니다. 손자 둘이 커가는 과정을 살펴보면 참 신기합니다. 손자의 아비를 키울 때 기억은 어디 갔는지 도무지 찾을 수 없는데, 손자가 커가는 모습은 비교할 데가 없으리만큼 신기하고 예쁩니다. 보일 듯 말 듯

올라오는 하얀 앞니가 그렇습니다. 자꾸만 보고 싶어 애먼 입술을 자꾸 들춰보게 됩니다. 혼자 두 발로 우뚝 선 모습은 이순신 장군보다 더 당당하고 자랑스럽기까지 합니다.
우리는 모두 그렇게 이쁘고 사랑스러운 영아기, 유아기를 거쳐 여기까지 왔습니다. 영유아기와 노년기의 공통은 돌봄입니다. 어릴수록 돌봄의 시간이 길면 좋고 노년기는 짧을수록 좋습니다. 노년기 돌봄시간을 짧게 하기 위해서는 마음 관리가 필요합니다. 내면을 들여다보는 작업시간은 길수록 좋습니다. 소크라테스는 '성인은 자신의 내면을 하루 세 번 들여다보고 반성해야 한다, 고뇌하지 않는 인간은 인간이 아니다'라고 했습니다. 반성과 고뇌는 성찰입니다.

최근 웰다잉 붐이 대단합니다.
웰다잉은 자아실현입니다. 메슬로는 인간의 욕구 5단계에서 제일 상위의 욕구를 자아실현이라 했습니다. 자아실현을 메슬로는 '성장 동기가 계속 충족되는 것'이라고 했고 아리스토텔레스는 '인간의 본질을 합리성으로 보고 그것을 최대한 발휘함으로써 인간의 궁극적인 목적인 행복에 이르는 것'이라고 했습니다. 죽음의 순간에 '행복했다, 사랑한다, 고맙다' 말을 남길 수 있다면, 행복한 죽음입니다.
죽음 준비는 '생애 과정 쓰기'부터입니다. 고백(告白)은 삶과 죽음의 경계선을 허뭅니다. 고백은 과거에 대한 성찰이요, 오늘의 치유요, 미래의 부활입니다. 죽음은 고백(go back)입니다.

한국노인종합복지관협회 소속 250만 명의 회원, 1만 5,000명의 직원은 죽음 준비를 소풍처럼 가벼운 나들이, 소풍처럼 기대되는 나들이, 한밤의 좋은 꿈으로 맞겠습니다.

아름다운 삶 그리고 마무리를 위해 〈인생노트〉를 준비하겠습니다.
내면의 세계, 나를 찾아가는 오래된 미래, 지금 시작하겠습니다.
독자 여러분 고맙고 사랑합니다.

은빛기획 스토리
내 삶 쓰기 교실, 조문보, 생애보, 인생노트 그리고 나의 인생극장

노항래
(협)은빛기획 대표, 〈인생노트〉 기획·편집자

(협)은빛기획은 이제 회사 설립 12년 차를 맞고 있습니다. 그동안 '삶을 기록합니다', '당신의 박물관을 함께 짓겠습니다'라는 홍보문구를 내세우고 무던히 많은 기록작업, 출판교육사업을 진행해 왔습니다. 애초 출발할 때 사업 구상은 말 그대로 '자서전 출판사업'이었습니다.
아시는지요? 자서전의 '서'자의 한자와 그 뜻이 무엇인지를. 적지 않은 사람이 '글자, 쓰다' 등의 뜻으로 쓰이는 '쓸 서(書)'를 떠올립니다. 그런데 실제는 '펼치다'는 뜻의 '차례 서(敍)'입니다. 그러니까 자서전은 '자기가 쓴 글'이 아니라, '자기 삶을 넓게 펼치는 기록'이라는 뜻이고, 펼치기 위해서 글이든, 말이든 당사자의 회고가 밑바탕이어야 한다는 뜻입니다. 이 뜻대로 시민들의 살아온 이야기를 말로 글로 펼치도록 해서, 더 많은 사람 속에 더 넓게 퍼져 나가도록 하겠다고 마음먹었습니다.
유명한 사람, 사회적으로 성공한 사람만 자서전을 쓰는 게 아니라, 자기 삶을 누군가에게, 때로는 스스로에게 얘기하고 싶은 사람, 알리고 싶은 사람 누구라도 자서전을 쓸 수 있다고 생각했고, 그런 분들을 돕는 출판사업자가 되겠노라는 게 출발이었습니다. 이런 취지의 사업 구상이 알려지면 자서전을 쓰겠다고 나설 어르신들이 꽤 많으리라고 여겼습니다. 그런 수요를 만들어 가 보자, 그래서 '만인의 박물관을 세우겠다', 이런 원대한 꿈을 갖고 시작했습니다.

내 삶을 쓴다는 것

그런데 막상 시작하고 나서 난감한 건 어디에 홍보를 해야 하나 막막함이었습니다. 알음알음 알렸습니다. 그때 한 자치단체에서 "꼭 하려 했던 기록사업이 있는데 할 수 있겠느냐"라는 문의가 왔습니다. 서울 구로구청에서 당시 이성 구청장의 숙원 사업이라며 한국전 참전용사 두

분의 참전기와 일대기를 기록해 달라는 주문이 있었습니다. 요청과 함께 인터뷰와 글쓰기에 나섰습니다. 그래서 석 달여 만에 두 권의 책이 출판되었습니다. 〈내가 지킨 대한민국 그 품에 안겨〉와 〈인민군 전차 딛고 선 영원한 일등상사〉입니다. 당시 6월 호국보훈의 달에 맞춰 구청에서 보훈단체 등과 함께 출판기념회를 성대하게 치렀는데, 감동이었습니다. "사선을 넘어온 기억을 이렇게 소중하게 기록해 주었다"라는 당사자와 가족 친지의 소회가 이어졌고, 보훈단체 회원들이 하나같이 자기 일인 양 뿌듯하게 여겼습니다. '잊힐 뻔한 삶을 기록했다'는 성취감이 부쩍 차올랐습니다.
이 일은 더 큰 성취로 이어졌습니다. 그해 말, 이 두 권의 책이 육군 장병들의 진중 도서로 선정된 것입니다. 여느 출판사의 웬만한 상업적 성공에 버금가는 성취였습니다.

초기 이런 사업적 성취를 기반으로 주력한 것은 생애사 쓰기 사업이었습니다. 주로 노인복지관, 노인대학에 의뢰해서 자기 삶 쓰기 프로그램을 제안하고, 요청이 있을 경우 글쓰기 강의와 어르신들의 글을 엮는 출판사업을 일상적으로 진행했습니다. 글쓰기 프로그램에 참여하는 어르신들이 직접 글을 쓰는 것부터 시작해서, 청년 작가들이 어르신 인터뷰를 하고 글을 써드리는 작업도 이어졌습니다.
자기 삶 쓰기가 쉽지 않은 일이지만 그것이 당사자에게 얼마나 큰 성취감을 주는지, 어떻게 삶의 자부심이 되는지, 왜 '내 삶 쓰기'가 더 건강한 노년을 준비하는 유익한 프로그램인지 수다하게 보고 경험했습니다. '정말 만 명의 삶을 써낼 수 있으려니' 여기던 시절이었습니다. 앞으로 이어갈 일입니다.

이즈음 또 하나 글쓰기 프로그램도 시작했습니다. 중고등학교 학생들을 대상으로 하는 '가족의 삶 쓰기'입니다. 학생에게는 글쓰기 소재가 뚜렷한 글쓰기 훈련 기회가 되고, 가족에게는 이 글 때문에 인터뷰 등을 하게 되면서 가족 간 소통, 세대 간 어울림의 한 계기가 되는 체험이 거듭되었습니다. 여러 학교에서 방과 후 교실 등으로 프로그램을 유치해 주었고, 해를 이어 계속되었습니다.

조문보, 생애보

그즈음 제 오랜 지인이 세상을 뜨는 슬픈 일이 있었습니다. 함께 어려운 시절을 겪었고, 이웃해 살던 한 살 터울 형님이었습니다. '김석주'. 청주 출신 철도청 공무원이었고, 철도노조 활동으로 인해 해고노동자로 10여 년 어려움을 견디기도 했던 지인입니다. '법 없이 세상 살 사람'이라는 소리에 딱 어울리는 분이었는데, 하늘은 그런 이를 먼저 불렀던가 봅니다.

아들로부터 장례 소식을 듣고 '내가 할 수 있는 일이 무엇일까' 하다가 생각해낸 것이 〈조문보〉였습니다. '조문 온 사람들에게 드리는 고인의 기록', 이런 뜻으로 〈조문보〉라고 이름을 짓고, 형이 살아온 이야기와 남긴 사진을 더해 인쇄물을 만들어 배부했습니다. 어린 시절 교회에서 본 주보와 같은 형식으로 만들어 장례식장에 조문 오신 분들께 나누어드린 것입니다. 그런데 이게 의외로 큰 칭찬을 들었습니다. 실은 고인의 공덕이겠습니다만, 조문 오신 분들이 하나같이 "고인을 이렇게 잘 갈무리 해드리니 내가 뿌듯하다"라고 덕담을 남겼습니다.

그날 그 〈조문보〉 덕분에 조위금 건네고, 술잔을 나누고, 자기 얘기만 하다가 헤어지는 통상의 장례식장 풍경과 달랐습니다. 그렇게 은빛기획의 새 〈조문보〉 사업이 시작되었습니다.

얼마 뒤, 가수 신해철님이 돌아가셨을 때 노무현재단의 회원들이 저희에게 신해철님의 〈조문보〉를 의뢰해왔습니다. 아마 노무현 전 대통령을 옹호하고 응원했던 가수 신해철님에 대한 의

서울시의 '희망광고' 중 조문보 소개 광고 내용

경향신문 2015.4.11. 토요판 특집 기사

리의 뜻이었을 것입니다.

장례 일정이 있는지라 급한 대로 인터넷에 있던 정보와 의뢰인들의 주문사항을 담아 〈조문보〉를 만들었습니다. 그런데 이게 또 팬들의 환심을 샀습니다. 너무도 황망히 떠나는 가왕 신해철을 마음에 담아두고 싶은 팬들이 줄을 서서 〈조문보〉를 받아갔습니다. 그래서 추가 인쇄를 거듭, 하루 사이 만 부에 가까운 신해철님 〈조문보〉가 제작되고 배부되었습니다. 그리고 이어서 무명, 유명 인사들의 〈조문보〉가 거듭거듭 제작되었습니다.

몇몇 언론의 관심도 있었습니다. 장례문화를 바꾸는 새로운 아이디어 상품 〈조문보〉에 대한 호평이 적지 않았습니다. 그 사이 우리가 만드는 〈조문보〉를 따라 하는 또다른 사업자들도 생겨났습니다. 그래서 특허청에 상표등록 신청도 하게 되었습니다. 우리가 개발한 아이템을 지키자는 생각이었습니다.

해보니 정작 걱정해야 할 문제는 카피가 아니라 장례식이 너무나 급하게 치러진다는 것이었습니다. 정신이 없는 상주는 통상의 장례 일정을 감당하기에도 벅차 조문보 같은 건 생각할 수도 없었습니다. 길어야 사흘, 때로는 하루뿐인 장례일이 문제였습니다. 그래서 더 많은 어르신의 기록을 사전에 만들어두도록 하는 방법은 무엇이 있을까 생각하다가 만든 게 〈생애보〉입니다. '삶을 담은 작은 기록'이라는 뜻으로 살아계신 어르신의 생애를 간단한 인쇄물로 만들어 드리는 것입니다. 자치단체들에서 참전용사, 지역 어르신들의 삶을 기록하는 사업으로, 그리고 몇 분 남지 않은 정신대 피해 어르신들 생애사 기록으로 이 〈생애보〉를 거듭거듭 만들었습니다.

돌아보면, 〈조문보〉·〈생애보〉는 (협)은빛기획에 별 상업적 성취를 주지는 못했습니다. 워낙 부가가치가 적었고, 정작 만드는 데 품은 많이 들었기 때문입니다.
그래도 이 사업이 준 성과가 없지 않습니다. 노년 문화의 새 영역을 개척하는 (협)은빛기획 회사 이미지를 쌓았고, 이런 평가를 모아 '고용노동부 지정 혁신형 사회적 기업'으로 인증받았습니다.

〈인생노트〉, 나의 인생극장

그즈음 일본에 나갈 기회가 있어, 초고령사회 일본의 여러 사회 현상을 살펴볼 수 있었습니다. 시니어 세대만을 위한 백화점이 따로 있고, 몸이 불편한 시니어 세대를 돕는 로봇 보조기 등 생각지도 못한 의료기기들이 개발되고 있었습니다. 요즈음 우리나라에 보급되고 있는 것들입니다. 그중 하나, 일본의 여느 서점에 가도 볼 수 있는 '엔딩노트'를 알게 되었습니다. 수십 종을 서점에서 구했고, 여러 지방, 각 기관을 돌면서 수백 종의 엔딩노트를 보았습니다. 우리가 초등학교 다닐 때 일기 쓰기를 권하듯 일본 사회는 노년층에게 엔딩노트 쓰기를 권하고 있었습니다. '기록문화의 일본'을 체감했습니다.

그때까지 생애사 쓰기와 〈조문보〉·〈생애보〉 사업을 하면서 항상 아쉬웠던 게 어르신들의 삶의 기록이 없고, 기억은 희미하고 부정확하기만 하다는 것이었습니다. 그래서 개발한 상품, 삶을 기록하도록 안내하는 것, 그게 일본에서 본 엔딩노트를 벤치마킹한 〈인생노트〉입니다.
여러 유명인들, 유시민 작가, 방송인 김미화, 이재명 당시 성남시장, 원혜영 당시 국회의원 등이 이 노트를 적극 응원하고 상찬을 아끼지 않았습니다. 이에 힘입어 처음 발행 이후 몇몇 지방자치단체가 어르신 문화상품으로 이 노트를 보급하면서 작지 않은 상업적 성공도 이어졌습니다. 그렇게 〈인생노트〉는 (협)은빛기획의 견실한 아이디어 상품으로 자리 잡았습니다. 지금 여러분이 보시는 이 〈인생노트〉는 네 번째 보완·수정된 것입니다.

최근 이 〈인생노트〉 작성 모임이 몇몇 노인복지관에서 운영되면서, 새로운 사회적 변화에 발맞추어 '나의 인생극장' 영상 사업을 함께 펼쳐가고 있습니다. 노트에 기록한 내용, 어르신 당사자가 가지고 있는 여러 사진, 본인의 인터뷰, 때로는 가족·이웃의 인터뷰 등을 엮어 10~20분 분량으로 인생극장 동영상을 만드는 것입니다. 한 사람의 삶을 간략히 보여주는 영상입니다. 시대 변화에 맞추어, 파일을 여러 소통 채널과 SNS 등을 통해 공유할 수 있고, 그렇게 자기를 알리고, 자신의 삶을 갈무리할 수 있는 상품입니다. 새해 은빛기획이 좀 더 확장하고 주력할 사업의 하나로 살피고 있답니다.

새로운 삶을 향하여, '앞으로!'

삶을 기록한다는 것, 쉽지 않은 일입니다. '그래봤자 헛거'라는 냉소적인 평이 들려오기도 합니다. 그래도 삶은 계속되고, 삶은 결국 기억, 추억을 남깁니다. 그 기억을 기록하고, 그 추억을 갈무리하는 것, 개인이든 가족이든 사회든, 우리가 속한 인간사회가 이루어왔고 이루어가는 일입니다.
이 일을 (협)은빛기획이 꾸준히 이어가려 합니다.
〈인생노트〉를 보고 아쉬워했던 것 또는 더 풍성한 기록으로 또는 영상으로 이어가고 싶은 분, 주저하지 마시고 (협)은빛기획의 문을 두드리십시오.
더 풍성하게 만들어 가겠습니다.
이 노트를 쓰는 당신, 연락을 주시는 분들 곁에서 함께 하겠습니다. 더불어 함께!

생애보 生涯報

나의 인생극장 人生劇場

당신의 삶을 기록하세요.

이 노트의 기록을 모아 아래와 같은 짧은 생애 기록을 만들어 보세요.

지나온 삶을 갈무리하는 뿌듯하고 따뜻한 추억이 될 것입니다.

관심 있는 분은 지금 (협)은빛기획으로 연락 주세요.

방정순 님 생애보

경기도 과천노인복지관 영상자서전

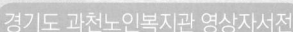

경기도 동두천노인복지관 영상자서전

협동조합 은빛기획
사회적기업
서울특별시 용산구 한강대로38가길 17, 201호 전화 : 070-8770-5100 홈페이지 : www.mylifestory.kr

삶을 기록한다

인생노트 Happy Ending Note

초판	2016. 09. 08.
개정2판	2017. 03. 29.
개정3판	2019. 05. 03.
개정4판	2024. 02. 23.
기획·편집	노항래
삽화	박흥렬
디자인	디자인스튜디오 앤썸
제작	정우피앤피
펴낸곳	도서출판 은빛
주소	서울시 용산구 한강대로38가길 17, 201호
전화	070-8770-5100
홈페이지	www.mylifestory.kr
ISBN	979-11-87232-37-7 (13190)
정가	12,000원

* 이 책은 '내 삶의 모든 것'을 스스로 기록하는 노트입니다.
* 지난 삶을 돌아보고, 이후의 삶을 충실하게 준비하는 책입니다.
* 이 책은 저작권법에 따라 보호를 받는 저작물이므로 무단전재와 무단복제를 금하며,
  이 책 내용의 전부 또는 일부를 이용하려면 반드시 저작권자와 [도서출판 은빛]의 동의를 받아야 합니다.